THE INTROVERT'S COMPLETE CAREER GUIDE

有趣的灵魂要让老板看到

如何从小职员快速进阶

［美］简·芬克尔——著
周 昕——译

ZHEJIANG UNIVERSITY PRESS
浙江大学出版社

感谢我的父母，他们是富有创意的思想家，能够鼓励我去追求自己的兴趣。

感谢那些安静的内向者，他们能够用智慧和勇气去寻找自己的声音并有力地表达出来，无论那声音是多么微不足道。

引言

像我们这样的人

我是个内向的人，这一点在很小就已现端倪。那时候，母亲会给我些锅碗瓢盆，让我坐在厨房的瓷砖地上。在那儿，我能沉心静气地独自玩上几个小时。相反，我那比我年长的哥哥，显然天生不内敛。他对遇见的每个陌生人都滔滔不绝，用喋喋不休的话语引起母亲的关注。所以当我显露出自己的个性后，母亲对我们兄弟俩迥异的性格很是意外。她很开心我用最简单的玩意儿就能娱乐自己，几乎不需要有人哄着。当然，我不是家族里第一个内向者，事实上，在我前面还有一长串呢。我的祖父移民来到这个国家，娶了个风风火火的企业家妻子，于是一直甘心待在幕后。而不善应酬的父亲每次在参加社交聚会前都会嘟嘟囔囔，尽管生性沉默的他最终还是很喜欢这些活动。

在我的成长历程中，厨房的地砖慢慢发黄，生活也随之展开，但我仍然安于宁静。艺术、手工和阅读为多变的社交活动提供了一种可喜的平衡。而且，沉默和矜持并没有妨碍我交朋友。事实上，我不愿标榜自己聪明勇敢的性格帮我吸引了很多朋友。我乐意倾听他们的故事，帮他们出点子解决问题，那感觉与阅读一本好书别无二致。最重要的是，帮助他人改写人生中的一个篇章，并带给他人一个幸福的结局，那也是我的乐趣所在。如今，从人生的后视镜往回看，或许正是我独特的内向型人格让我选择了从事咨询工作，这并不奇怪。

外向 vs 内向

内向和外向的人格倾向已成为一个相当时髦的话题，人们经常热衷于讨论某某在哪些方面体现了什么倾向。你或许也曾参加过某个在线测试或正规的迈尔斯布里格斯类型指标测试来评估自身人格倾向。所谓迈尔斯布里格斯类型指标测试是一套问卷系统，用以衡量人们对世界的感知方式和决策时的心理偏好。它以精神病学家卡尔・荣格的心理类型人格理论为基础，由凯瑟琳・布里格斯及其女儿伊莎贝尔・迈尔斯制定。咨询心理学家出版社称，迈尔斯布里格斯类型指标测试是全世界应用最为广泛的人格评估体系。

希望融入某个有辨识度的圈子是人之常情。如果这种辨识度有助于了解和分析人际互动关系，那就更好了。但不要草率地认定自己是内向或外向人格。我们应尝试着将二者视为两种人格偏好，而非贴上来就撕不掉的标签。

相关理论

内向和外向的说法到底是从哪儿来的？瑞士精神病学家卡尔·荣格提出了心理类型理论，按照性格模式对人们进行分类。他认为，外向和内向就是两种性格模式，代表了不同的心理能量传达方式。外向者在接触到外界丰富多彩的机会时会更有活力，与别人一起参与活动时他们的心理能量会得到充分释放。相反，内向者的心理能量只能从内心世界汲取，他们不那么显山露水，偏好独处，在内心探索自己的感受和想法，思考时也不易受到外界的影响。

内向的神秘之处

有一种根深蒂固的看法：内向者大多缺乏社交能力，满足于作为观众躲在幕后看世界；相形之下，外向者则是社交高手，理所当然地沐浴在聚光灯下，总觉得自己时刻站在舞台中央。实际上，生活中的社交行为固然可以在一定程度上反映人格类型，但并不完全正确，两者区别更多体现在如何表达和引导心理能量方面。

与成见相反，内向者不见得都很害羞、孤僻，只是他们往往善于观察和倾听。在会议或社交聚会刚开始时，热情洋溢的外向者会马上跳出来发表看法，而内向者一般不插嘴，保持安静和沉思的状态。他们天生就是善于倾听的人，更喜欢在发表观点前先了解所有相关信息。而一旦开口，他们中肯切题、深思熟虑的看法往往会让听众大吃一惊。

你是个内向者吗?

完成下列选择题，确定自己是否属于内向型人格：

a. 我喜欢跟人闲聊。

b. 我讨厌闲扯，喜欢开门见山。

a. 我对周围发生的事情更感兴趣。

b. 我更关注自己的想法和感受。

a. 别人经常认为我精力充沛，积极主动。

b. 别人一般觉得我比较安静，保守矜持。

a. 相对单独工作，我更喜欢团队合作。

b. 我能够和团队合作，但也渴望有单独工作的时间。

a. 被问到一个突然或意外的问题时，我总能很快作答。

b. 被问到一个突然或意外的问题时，我希望别人先回答。

a. 我实话实说。

b. 我总是隐藏想法不说出来。

a. 我倾向于自言自语。

b. 我说话前会思虑再三。

a. 在网络或社交场合发起谈话对我来说很轻松。

b. 在网络或社交场合初遇别人时，我喜欢听对方说话。

a. 周末晚上我喜欢和朋友或家人出去玩。

b. 周末晚上我喜欢待在家里阅读一本好书或观赏一部好电影。

a. 我对会议上要谈的事情有个大致的提纲。

b. 我会事先准备好会议的发言内容。

a. 我能在一个不错的聚会上撑到最后才走。

b. 参加聚会几个小时后我就准备走人了。

如果在上述问题中选择 b 多于 a，那么你很可能是天生的内向型人格倾向。要是仍不确定，请从下方选择最契合自己的词语。

内向	外向
给予他人能量	汲取他人能量
深思熟虑	积极主动
保守矜持	开朗乐观
沉默寡言	善于表达
经常幻想	注重现实
倾向旁观	非常主动
注重私密	坦诚直率
爱好独处	团队活动
苦心钻研	兴趣广泛
不爱闲聊	十分健谈
严肃认真	性格随和
三思而行	有一说一
全神贯注	心有旁骛

你是内外倾人格吗？

如果做完前面两套练习后发现自己处于中间位置，既像外向又像内向，那么你可能属于内外倾人格（我起的名字）。如前所述，两种人格类型只是偏好，并非一成不变，因此在受到影响后会有所改变。比如，环境可以增强或影响人格类型偏好。即使天生的内向者可能也经历过一些需要更多外向技能的场合。而随着这些技能的逐渐进化，你可能会觉得越来越适应。也就是说，个性类型的指针偏向了天平的另一侧。

当年我在宾夕法尼亚大学工作时，成功的关键就在于主动联系学生、教师和员工一起做跨部门项目，当然还包括与主要利益相关方建立联系。尽管认为自己处于天平的内向一侧，但我当时不得不使用更多的外向技能来开展工作。虽然刚开始时感觉既不自然也不舒服，但锻炼新技能的需求使我建立了信心，最终结果也证明了这是一个令人满意的惊喜。随着时间的推移，我发现自己开始真正喜欢当面或通过网络途径来构建社交圈和职业圈。不过直至今日，我的性格还是两种类型的混合体：一方面作为内向者在应对挑战时感到快乐，另一方面又不得不承认自己对大型社交活动仍有所畏惧。

文化差异

在确定某人是否为内向人格时，应考虑到这种内向或许是其所处文化造成的。心理学家罗伯特·麦克雷最近的一项研究显示，在36种文化中，亚洲和一些非洲文化更偏向内向。这可能是因为两类文化在传统上强调保守和顺从。内向的普遍存在并没有妨碍这些文化取得成功。相反，皮尤研究中心最近的一项全国性调查显示，亚裔美国人受教育程度最高，收入也最高，是全美发展最快的种族群体。

美国人生活在一种崇尚外向的文化氛围中。在这个国度，提出想法能得到回报，说出建议能得到欢呼，采取行动能得到掌声。不幸的是，这种状况很容易导致内向者生活在外向者的阴影之中。于是我意识到，要让生活开心快乐、富有成效且意气风发，像我们这样的内向者必须首先了解和欣赏自身的价值，然后用一些外向技巧来平衡内向人格。

在与一些内向客户打交道的过程中，我经常发现，无论外部环境如何——是否在工作单位、求职过程或独立创业时取得过巨大成功——内向者的个人价值和竞争能力总会遭到质疑。基于客户经历以及自身感悟，我认为极有必要去探索、发现内向者如何在固有优点的基础上更进一步，让他们更自信地去争取新机会。经过多年探索，我总结出一些方法和手段，能帮助客户在人生的各个阶段和职业生涯中取得成功；同时，这些成功实践又激励我写一本书，把相关方法手段教给其他内向者，让他们自我接纳，不再明珠蒙尘。

当今职场的快速变化

如果天生细心敏锐、善于观察，你或许已注意到近年来职场变化的明显趋势。敝帚自珍般流连于一份按部就班、慢慢升迁直到退休的工作已经过时了。除了工作时间，我们在业余时间也总在使用各种电子设备，忙于聊天、晒照片、发短信和电子邮件。《纽约时报》专栏作者汤姆·弗里德曼据此将当前定义为加速时代。在努力跟上技术快速进步的同时，在经受全球化冲击的过程中，我们发现自己处于一场气喘吁吁的比赛中。

这种趋势给职场带来了新的不确定性。人工智能和自动化取代了许多传统岗位上的员工。虽然一些职位还在持续招聘中，但许多雇主开始聘用独立承包商或临时员工来降低成本，而不再招募长期员工。于是零工经济（为单个项目或任务招聘人手）蓬勃发展，就业市场的不可预测性迅速上升。目前没有确切的统计数字显示美国临时员工与长期员工的比例，但2015年哈佛大学和普林斯顿大学的两位劳工经济学家劳伦斯·卡茨和艾伦·克鲁格发现，临时员工比例已占到美国总劳动力的15.8%。预计到2020年，全球临时员工数量将显著增加。

要在这个加速时代生存下去，创业技能不可或缺。虽然这不意味着人人都要去当企业家，但每个人都需要具备创业思维。领英创始人瑞德·汉密尔顿和企业家本·卡斯诺查两人提出了“用打造企业的方式打造职业”（并在同名畅销书中讨论过）的概念，而我们则需要将这一新概念应用于职场。从这个角度来看，获得职场成功不但需要保持好的职业方向，还需要主动创造机会。要在职场上取得竞争优势，必须做些事情作为对职业的投资，比如培养解决问题的技能、锻炼创造性思维、磨练写作能力、提高口头交流能力、提高人际关系建设与合作水平等。技术的加速发展使“变化”成了当今职场唯一不变的东西，人员流动在一定程度上是完全无序的，这也要求人们具备主动性、好奇心、灵活性、适应性和韧性等个人素质。

要在如此激烈的职场竞争中保持优势，要有冒险精神，也要致力于终身学习，还要积极开拓职业社交圈。那么，这种现状对内向者有何特别影响？内向者如何克服天生焦虑去跟外向者竞争以获取应得的信任和升迁？在当今职场，这两方面的问题对内向者来说尤其困难，但都可以解决。

内向者面临的问题及解决办法

在这零工经济和加速发展时代，僧多粥少、瞬息万变和朝不保夕才是职场常态。这是一个让外向者如鱼得水、内向者奄奄一息的客观环境，而后者在以下两方面的劣势尤为明显。

向雇主展示自身价值

作为员工，当然需要把解决问题、取得积极成果、引进和/或实施新方法和新思维等能力发挥到极致。但这还不够。最重要的是，必须让别人看到你取得的成绩以及成绩背后的才干和技能。

对内向者来说，做到这一点很难。清晰的表达能力、优秀的自身素质、超前的思维方式、超越基本工作职责的主动性，所有这一切对他们来说均非易事。于是，内向者往往会畏缩不前。结果就如当今美国的外向型职场文化，那些善于主动出击和敢于表现自己的社交达人得到了工作职位、升职机会和一切关注。

在本书中，我首先分享了一些能够帮助内向者利用善于思考的优势来组织想法的技巧，让他们得以在网络会议、面试等各种工作场合清晰自信地表达自己。其次，本书提供了一些个人性格训练方法，帮助内向者学会用10个常见形容词制作简历或回答面试中的高频问题。再次，本书还提供了几个30秒左右的自我介绍实例，帮助内向者有效缓解初识陌生人的焦虑感。

培养和维护人际关系

可靠的人际关系能对重要项目起到指导和支持作用，也能让职场人更多了解各自领域或行业的当前趋势，并增加未来的职场机会。内向者当然完全有能力维持良好的关系，但因为倾向于注重隐私，换言之，因为喜欢独处，他们往往认识不到人际关系对工作或职业大有裨益，也不知道如何才能恰如其分地主动建立关系。

本书提供了与新雇主或新客户建立、培养和维系关系的7个有效步骤。其中5个关键步骤能让内向者在工作中保持领先优势，在职业生涯中不断前进。无论是在办公场所还是虚拟环境中，采取这5个步骤总能吸引他人注意。这些方法也有助于增强内向者的自信心，与高层领导和同事建立融洽的关系，并进行有效的沟通。

我的故事

由于我本身就是个内向者，所以每每谈及这个话题总是带着理解和同情，同时也想分享自身一些来之不易的经验和教训。我曾在宾夕法尼亚大学担任职业顾问，为文科和商科的在校生和毕业生提供职业建议。那时候我工作成绩斐然，但过于害羞，不敢在员工大会上发言，一些新想法和新项目都没有引起关注，更别提宣传已经取得的成就了。因此，当时的同事或主管不管是对我已经取得的成就，还是正在实施的项目，都一无所知。于是在宝贵的晋升机会到来时，也就自然而然被忽略了。

幸运的是，新上司注意到了我的才能，鼓励我凭借成功的咨询工作和项目构思去争取荣誉。她选定我在多个委员会任职，并向高层提交报告。通过努力，我及时战胜恐惧并建立了自信，能够对自己完成的出色工作自豪地侃侃而谈。不久，我就升职为沃顿商学院本科部副主任，为员工和实习研究生提供就业指导。

那时候我意识到，如果要实现成为企业家的个人终极目标，并在职业咨询圈中拥有一席之地，就必须进一步提升自我，必须克服内向倾向带来的“幕后英雄”综合征！

我继续克服恐惧并逐步采取行动：向很多工作联系人征求建议，并开始培养自己的公共演讲人技能，还在各种组织举办讲习班。我自己设计了个人网站并撰写网页内容，强迫自己通过领英大幅拓展职业关系网，并在职业协会中担任领导角色，我甚至还在博客和社交媒体上撰写和发表职业规划论文。

在努力克服阻碍成功的性格缺陷的过程中，我惊讶地发现内向人格实际上也存在有利的一面。比如，保持安静并认真倾听客户的故事，能够让我深刻而集中地发现对方存在的问题，这可以被视为一种真正的倾听技巧。此外，由于在发表建议前我需要时间来整理想法，这种平静思考能让我对客户所面临的障碍产生更深刻的理解。而这种深思熟虑的习惯又反过来加强了我的分析能力，让我成为一个高效的问题解决者，能够为客户设计出合适的解决方案。

最终，我专门开发了一整套成功的方法，旨在帮助内向者克服障碍并取得出色表现。在开发的过程中，我把对客户问题和行为的观察实践与对心理学著作（尤其是约翰·克虏伯的《善用机缘》、艾伦·贝克的《认知行为理论》和马丁·塞利格曼《活出最乐观的自己》）的深入研究相结合，并融入了自己作为迈尔斯布里格斯评估专家的专业判断。

实践证明，这套方法体系十分有效，因为它聚焦于内向者最为挣扎的领域：自我提升、可能会在现实中或网络上暴露真实身份、社交主动性、在会议和社交场合发表看法、与同事建立良好关系以及开会时表现强势态度等。客户在使用这些方法和技巧后一致反馈，他们在建立关系网、使用社交媒体和面试过程中介绍自己和自身才能时不那么害怕了，更有自信了。同时，一些在职客户还表示，使用这些方法和技巧后，他们明确了在当前工作中应采取哪些步骤才能取得进步。可以说，这套方法体系是本书的核心所在。

THE INTROVERT'S COMPLETE CAREER GUIDE

目录

4 实时提升自我

5 与陌生人交谈

6 站到舞台中央：面试

7 沙里淘金：工作邀约处理

8 优雅入职

9 生存与发展

最后的想法

致谢

1

让壁花发声

根据迈尔斯布里格斯的人格分类以及《内向者优势》一书作者、心理治疗与正念训练专家、心理学博士和心理学家马蒂·奥尔森·兰尼的研究，内向者有很多优点：注意力高度集中、心态平和、富有同情心、感知敏锐、善于观察和倾听。

然而，内向者往往比较在意自身性格中沉默寡言这一消极层面，觉得自己说话做不到口若悬河，行动达不到雷厉风行。聚会时身边到处是欢笑与快乐，可自己却像朵壁花一样默默无闻和微不足道。

其实，善于保持安静和关切的性格特点本身就可以抚慰朋友和同事。如果喜欢读书而不是参加聚会，也没什么不好。本性中的平静和安宁确实不一定能帮你找到工作或赢得晋升，但如果利用好善于集中注意力、细心思考的长处，你可以跟任何一个外向者一样取得成功。毕竟，壁花也会绽放！把关注点放在性格特点中的积极层面，清晰而深刻地了解自身能力，成功必然水到渠成。

我发现对许多内向者而言，最大的难处之一是无法准确表述自己，尤其是在无暇细想答案的情况下。无论是在探索新的职业方向时，还是在求职过程中，或是在和资历深厚的熟人谈话时，内向者都可能遇到诸如此类的问题，“你怎么形容自己？”“你有什么长处？”“你喜欢做些什么？”。内向者倾向于在逐渐了解他人的过程中慢慢分享自身信息，就像剥洋葱似的一层一层剥开。然而，雇主和猎头可能期待立即得到答案——就像吃一张用料丰富、美味诱人的千层饼，一口咬下去就得尝到所有味道。换句话说，他们寻求一份包含所有细节的完整信息“大餐”，以此确定是否选择你，并明确你能否为这个行业或领域做出贡献。

自我评估：你到底是谁？

不管现在还是未来，清晰表述自己和自身经历对职业生涯取得成功至关重要。多数内向者在内心深处明白自己的与众不同之处，但就是找不到合适的词语来表达。即便找到了，恐怕也觉得难以启齿。学会使用听起来不那么自我的方式来表述才华和能力，可能本身就是件棘手的事情。

自我评估可以解除对自我认识的束缚，让你洞悉自身的长处，学会使用合适的语言在职场上自我营销。本章中有一系列练习来帮助你识别和评估自身成就、价值观、技能、兴趣和个性，让你快速敏锐地察觉自身能力，并自信地向猎头或潜在雇主展现出来。

或许你还心存疑虑，完成练习真的有助于克服恐慌吗？真的能从容应对复杂问题吗？请继续看下去。你马上就会明白，清晰认识自我真的可以消除恐惧或怀疑。自我评估过程可以因势利导，借助你天生的内向偏好来深入挖掘或探寻内在的自我，让你真正了解自己独特的长处和才能，并明白自己到底需要什么。对自我的领悟可以用来创作一个引人入胜的故事，让你渴望讲述自己——无论是在社交活动时，还是在信息发布会上；无论是在领英的个人资料里，还是在面试或绩效评估中。

成就练习

无疑，每个人在一生中都能列出很多值得骄傲的成就。有些可能是个人成就，比如学会补胎、跑 5000 米、烹调美食和组织家庭活动等；也有些是职业成就，比如写提案、培训员工、引进新项目和创建数据库等。无论大小，成就都能增强自豪感和自信心。它也能帮你确定整体兴趣、技能和价值观，从而衍生出一些可用于描述自我和人生目标的词语及短语。做完练习后，你将学会如何表述自身成就，这在当今尤为重要——在求职和升迁过程中，成就最能体现你对雇主的价值所在。

了解自己生命意义的最好方式就是彻底了解曾经取得的成就。下面的成就练习也是助你走出内向谦逊的一张良方，让你在为自身成就感到自豪的同时，给心灵做一次迟到的按摩。

在宾夕法尼亚大学教授职业评估课程时，我曾经列出自己最为自豪的三项成就，然后要求学生就此给出反馈。

我的3项成就

1. 修砌自己的第一个花园。

2. 被高中英语学科组选中，在全镇纪念旅游结束时面对一群观众背诵葛底斯堡演说。尽管害怕站在众目睽睽之下，我还是努力做到了。

3. 为沃顿商学院的本科生设计、规划和呈现第一门职业探索课程。

我要求学生列出与上述成就相关的兴趣、技能和对应的价值观，结果，学生所总结出来的内容也加深了我对自己的了解。

3项成就的相关技能和价值观

1. 修砌自己的第一个花园

→技能：视觉设计、创造性思维、规划、问题解决

→价值观：美学、创造力、学习能力

2. 葛底斯堡演说

→技能：公共演讲、表演

→价值观：认可、创造力

3. 职业探索研讨会

→技能：研究、写作、面试、教学、建议、组织、解决问题、创造性思维

→价值观：创造力、知识、认可、乐于助人、思考、规划

我的关键技能和价值观

在此基础上，我让学生进行二次归纳，提炼出关键技能和价值观精髓。结果如下：

→技能：书面和口头交流能力、问题解决能力、公开演讲、咨询/建议能力

→价值观：创造力、认可、知识

从那以后，我多次使用这些分析结果来描述自己的特长。记住，并不是必须获得奥运冠军才意味着有所成就。成就可以是职业成就，也可以是个人成就，还可以既属于职业成就又属于个人成就。像解决难题、成功创建项目或计划，甚至是简单的善意行为等，都属于成就。

在下方写出至少 3 项让你自豪的成就，然后按顺序添加相关的技能和价值观：

→成就

→技能

→价值观

你可以一路回到高中时代去找实例。也许你曾是校田径队

成员，曾为校报撰稿，又或担任过班级或社团领导，这些都可称为重大成就。也可以回想下你在工作中处理艰难项目或任务、做报告或演示、担任领导角色和创新时所取得的成就，有很多事项可供选择。

还可以请同事或朋友检查下成就列表，看看他们有没有补充，内向者很容易忽略一些重点。

价值观：我的目标是什么？

想要充分了解哪些成就有意义，有必要先思考下价值观的确切含义和内在意义。就词语本身而言，价值观是指某人的原则甚至标准，它也折射出一个人理想工作中潜在的方方面面——工作环境、工作类型以及工作背后的处世之道。

为何价值观与幸福感紧密相关

在求职或寻求升职的过程中，应该确保工作岗位符合自己最重要的价值观。假如在工作中总觉得若有所失，那么很可能你的一些价值观正在受到伤害。而如果觉得工作明显有回报，那意味着日常任务和工作环境与你的职业价值观是相符的。比如一个有创造力的人可能会热爱从事广告或平面设计类工作。要是两者相互违背，就容易出现以下案例的场景：我的客户汤姆，一位信息技术项目经理，理所当然地认为专业技能在工作中占据重要地位，但在审视个人价值观时却发现“社会关切”才是自己的首要价值观，也就是说他在一个任务驱动型组织中工作才能感到快乐。

准确定位个人价值观需要回答以下问题：

1. 与他人一起工作是否比单独工作更让你心动？

2. 你希望工作职责清晰，还是喜欢多一点自我发挥的空间？

3. 你更愿意在工作中帮助他人，还是更喜欢让系统或程序有效运作？

应该从一开始就对自己重视的价值观了然于心，因为那将像指南针一样精确引导你在整个职业生涯中做出正确的选择和决策。价值观也会提供方向，让你在表述动机和目标时不致偏题。善于反省的品性其实有利于准确定位自身价值观，因为内向者总在追求有意义的事物。

价值观练习

从下方价值观列表中选择最契合当前职业和生活目标的5项，你可能需要多看几遍才能锁定前5项。

社会关切：做有利于公众利益的事情。

帮助他人：单独或参与小团队来帮助他人。

公众接触：与他人有大量的日常互动。

支持关系：与同事建立互利关系。

职业成就：实现高绩效和职业进步。

决策：有权决定行动和策略进程。

独处：单独做项目。

竞争：参加明显比较考验能力的活动。

权力：影响或深度影响他人和 / 或体系。

节奏：在活动繁多的单位工作，必须快速完成每项任务。

平衡：实现工作与个人生活的健康平衡。

兴奋：在工作过程中体验高度或频繁的兴奋和危险。

财富：工作能为你挣一大笔钱。

认可：得到公众对你工作质量的认可。

独立：在缺乏重要指导的状态下确定自己的工作性质。

正直：认为工作有助于形成一套对你而言很重要的道德观念。

地点：找一个符合你生活方式的地方居住。

知识：追求知识和真理。

智力状况：成为某个领域的专家。

创意：为项目、团队和单位想出新点子。

愿景：确定未来发展方向，有大局观。

审美：研究或欣赏事物和思想之美。

变化种类：工作职责经常出现变化。

挑战：承担困难或严苛的任务。

精确：在追求细节且误差要求极小的环境中工作。

安全：确信能保住工作，获得合理的经济回报。

完成练习后，想想有多少自己重视的价值观在当前工作环境中得到了满足，思考一下未来这些价值观将怎样提供助力。比如你的首选是权力和决策，那就要考虑怎样才能把两者融入未来的日常生活。是开创自己的事业，还是寻求新的工作机会来提升领导技能？如果现在没有工作，那就想想这些价值观能对求职有怎样的帮助。再比如你最重视的价值观是创意、审美和兴奋，那么时尚、娱乐和广告类的职业环境能很好地满足这些价值观需求。而如果你的核心价值观是帮助他人、社会关切和职业成就，那么可以更清楚地告诉猎头或雇主自己为什么倾向于选择任务驱动型组织。对内向者特别重要的是，明确价值观能让你说清楚自己将如何为公司或组织创造价值。

简而言之，在制定求职策略和职业发展的每个阶段，不管是撰写简历还是编辑社交媒体资料，不管是面试还是升职，都应该把价值观放在重要的位置。在整个职业生涯中，价值观始终都是个重要的主题。

经验丰富的壁花：汤姆的故事

汤姆是位内向的高级信息技术项目经理，本来在一家大公司工作，却在职业生涯中期下岗了。他上次求职还是15年前的事，所以很不确定自己是否想回到那种随叫随到、加班加点的公司里继续工作。和我交流时，他的整个身子不自觉地往椅子里缩。显然，与许多才华横溢的内向者一样，他不擅长推销自己的经验、技能，也不知道如何通过简历、社交网络或面试让雇主更加了解自己。

完成价值观练习后，汤姆发现自己最重视的5项价值观是平衡、安全、支持关系、创意和社会关切。这让他开始考虑诸如基金会、政府部门和高校等工作单位，因为这些职位与以上多个价值观相契合。更重要的是，确定价值观让汤姆得以更好地回答面试中的常见问题——除了工作经验和专业技能，你还有哪些方面特别适合这项工作？

汤姆通过讲述自己职业生涯的故事来回答这个面试问题，着重强调自己的职业价值观。他是这么说的：

我有以下强项：评估单位信息技术问题（安全），提出创造性解决方案（创意）、培养与同事、行政人员和客户的关系（支持关系）。我曾参加社区剧场演出，而且在为大家提供文化节目时感觉很轻松自在（平衡）。所以现在我特别希望能为任务驱动型组织贡献自己的经验和技能（社会关切）。

用这么一个故事，汤姆在一家大型基金会找到了令他兴奋的新工作。

评估并明确价值观可以让你在求职和晋升的各个阶段使用正确的词语和短语。而且有了价值观相关信息的加持，对于表达内容和表达方式的恐惧也会逐渐消失。

在成就和价值观两项练习的基础上，下一章将谈及更多的自我评估方法。

2

壁花绽放

在当今职场保住一份好工作要面临极为激烈的竞争，而只有工作表现出色，事业才能继续前进。内向者保持平和以及深思熟虑的自身优势固然有利于提升职场地位，但同样重要的是，得让他人看到自己在工作中的游刃有余和不可替代。这一点很有挑战性，内向者在详细介绍自己或自身优势时经常会不知所措。为了解决这一常见问题，本章将提供更多自我评估练习，以帮助你更加清楚地描述自己，并具体说明哪些自身技能对行业或工作弥足珍贵。

个性特征：我的个性是什么颜色？

性格在很大程度上体现了你与主管、同事和客户打交道的能力。内向者在面对一些私人问题时很容易僵住，有时候是因为你不乐意向陌生人透露太多私人信息，有时候则是因为你不想被当成吹牛大王。但是，如果过于迁就性格中谨慎和害羞的一面，你就无法让别人全面了解自己。

首先想象下，如果请一群同事描述你，他们会怎么说？你能否用四五个形容词快速作答？如果觉得这问题太难，不要担心，完成一个简单的性格特征练习，你的求职工具箱里就会有几个形容词。

性格特征练习

从列表中选出10~12个最能体现你性格的词语。与前面的价值观练习相似，选择结果可以被应用到面试、简历或领英等，以总结和说明最鲜明的自身性格特征。强迫自己从这么多词汇中进行选择可能很有挑战性，可以按照我们常说的被动选择法来进行。从本质上说，这种方法迫使你思考哪些性格组合能最为准确地形容自己，而又有哪些最让雇主感兴趣。（记住，雇主不会期待或要求你用一长串形容词来描述自己。）除了下方已列出的，请添加你认为合适的其他词语。

适应性强	有领导力	注重实际	敏感
有抱负	观点明确	自我反省	善于分析
有策略	友好	热情	冒险
决断	胆怯	有条理	理想主义
勇敢	平和	谨慎	复杂
创意	幽默	认真	开明
严肃	善于倾听	心血来潮	固执
好奇	刻板	善于表达	目标明确
独立	被动	诚实	忠诚
乐观	保守	焦虑	悲观
安静	雄辩	有想象力	有竞争力

随和	善意	完美主义	有说服力
敏锐	反复无常	恭敬	自我约束
自信	强壮	聪明	主观
合作	坚定	批判性	乐于助人
怀疑	始终如一	灵活	戒备
职业	负责	害羞	规避风险
喜欢玩乐	沉稳	学习能力强	镇定
可靠	真实	爱心	自觉

还可以更进一步，再找3位朋友、同事或亲戚，让他们选出10~12个最适合你的形容词。那会让你了解别人是如何看待你的，可能与你的自我认知有所不同，或许其中有些优点是别人看到而你没有意识到的。以后再遇到雇主让你描述自身性格时，你就不会再慌张，因为至少有10个词可以信手拈来。

“反复无常”这样的词语可能具有负面性。很明显，你不会想让猎头或雇主知道自己的缺点，但了解自身还有哪些方面需要改进也是很有必要的。当然，为达到目标，应该把重点放在正面的形容词上。

琼是一位成功且内向的女士，让我们听听她的故事吧。离职了多年以后，她对重返工作岗位的挑战感到慌乱。我们初次见面时，她的第一句话就是：“我该怎么开始写简历？”

重返职场的壁花：琼的故事

琼曾经拥有并经营一家成功的零售企业长达15年之久。年迈的双亲出现健康问题后，为了在预约医生时不至于捉襟见肘，她卖掉了这家企业。此后10年，琼远离了传统意义上的工作单位，她成了一名尽职的志愿者，为社区协会融资，也在一个非营利组织的董事会任职。由于融资时敢作敢为且成果丰硕，她甚至被授予了奖项。最近，琼决定寻求融资方面的发展机会，她来找我帮忙。

10年没有写过一份简历，琼对制作简历感到紧张是可以理解的。刚开始起草简历时，她对个人经历和自身素质两方面都轻描淡写，内向者往往这么做——尽管在融资方面取得了成功，琼还是很难清晰地描述并推销自己。鉴于此，我让她去做性格特征练习，帮她建立自信，并找到求职过程中可以用来描述自己的具体词语。琼从练习结果中选择了如下词语：有抱负、决断、有想象力和聪明。另外，我们还让琼在领英个人资料中使用了其中的一些关键词，将性格特征写进个人资料是当前的常见做法。

个人简介：充满活力的商务专业人士，具有丰富的管理和融资经验。在活动规划、捐助者调查和征集、提案撰写以及项目管理等方面有专长，善于跟同事和捐助者保持良好的关系。抱负远大，有创造力，性格决断。

完成性格特征练习后，琼觉得无论是写求职信、简历，还是当面交流，都能更好地表述自己了。结果，她在一家植物园找到了很合适的融资职位。身在其位，她可以计划和组织活动，研究和制定吸引潜在捐助者的策略。

技能：展示你的能力

来看看你的技能组合。雇主当然想了解你在本领域或行业的专业知识，但他们同样对你的工作技巧饶有兴趣，比如怎样与他人交流、对社交媒体的了解程度以及项目的管理能力等。对多数内向者而言，从经历中提炼技能是自我评估过程中最简单的步骤，因为这并不涉及隐私。但请不要低估深入挖掘的重要性，只有深入挖掘经验，才能全面展现你的天赋和技能。

回顾下当前工作职责或近期发布的职位信息，然后列出相关的自身技能。这里有两个可供参考的实例。

- 任务：创建并交付 PPT 演示文稿

→技能：研究、写作和编辑内容

- 任务：监督公司预算

→技能：量化、分析思维、问题解决、合作、撰写报告、收入和支出预算、执行政策和程序

要对自己所能提供的技能做到心中有数，请完成下方练习，

并形成完整且全面的技能清单。

技能清单

从下列技能中选出最能反映自身长处的选项。如有其他与自身工作领域或行业相关的特殊技能，请自行添加。

- 沟通能力

撰写或编辑文章、博客或社交媒体内容

说服或影响他人

创建有效的演示文稿

与小组和团体协作

培养和建立关系

公开演讲

编写提案和报告

辩论

倾听

谈判

营销 / 销售 / 推广

- 创造力

创建网站或平面设计

集体讨论新的想法和策略

从零开始构建

创意写作

视觉艺术

创作音乐

戏剧、舞蹈或电影表演

- 金融能力

管理和监督预算

监督组织的财务

项目费用和收入

计算或调节费用和收入

比较或评估成本

以很好的量化能力取得成功

- 支持力

教学 / 培训

咨询 / 顾问 / 支持

调解 / 解决冲突

宣传个人、特殊群体、项目

促进小组讨论和会议

- 组织 / 管理能力

为组织问题制定解决方案

理解和执行政策和程序

应对复杂的官僚环境

策划、组织和实施活动与计划

使用时间表，核对清单、流程图、大纲

在压力下有效工作，按时完成任务

建立组织制度和程序

- 领导力

轻松监督小团体和/或大团体

带头工作

倾听想法，帮助他人

评估团队成员的表现，提供专业意见

全程管理项目

确定要完成的目标和/或任务

激励团体或个人实现目标

- 技术能力

组装组件

操作仪器

熟悉软件系统和计算机语言

管理和输入数据

学习和适应新技术

了解如何操作设备

- 研究/分析能力

识别问题、研究目标并得出结论

理解、评估和综合数据

设计和分析调查

快速定位和吸收新信息

完成以上练习后，下一步该怎么做呢？先来听听詹姆斯的故事。他是一个典型的安静内向者，在法律和金融领域有着成功的职业生涯。

职业生涯中期壁花：詹姆斯的故事

詹姆斯是位说话温和、待人热情的常春藤盟校毕业生。取得工商管理和法学硕士双学位后，他在一家大型律师事务所担任助理。进去没多久，詹姆斯就意识到，要想让职业生涯更进一步，必须招揽到新客户并参加事务所的社交活动。他并非做不到这些，但作为一位内向者，他就是天生不喜欢顶着压力去参与社交并建立客户关系网。

5 年后，詹姆斯从事务所跳槽到一家从事合规监管业务的金融服务公司。在那里，他得以发挥自己在经济和法律方面的兴趣和技能。他喜欢工作中的任务，享受每天单独工作一会儿的乐趣，在这个工作上取得成功所需的全神贯注也对他毫无压力。

尽管这个职位很适合他，詹姆斯却没能进入公司的管理层，所以他希望我能帮助他找个新工作。初次会面时，他能够清晰表述自身主要职责和对工作的喜爱，却几乎不谈自己取得的成效或结果。我问他，高管团队有没有注意到他所取得的业绩和成就。他回答说，只要有所关注，就理应知道他表现出众。我明白了，如果詹姆斯学会更直接地向上司展现成就和技能，就不需要再到别处找工作了——只需学会如何推销自己，他在当前公司就可以得到升职的机会。

完成练习后，我和詹姆斯一起制定了几条策略来超越“安静勤奋的职员”（他是这么描述自己的），以直接而显著的方式向雇主展示自己的工作价值。重点放在以下方面：

提高能见度

詹姆斯自我评估得出的关键技能是分析思维、问题解决和撰写报告。他使用这些技能撰写了一篇报告，深入分析如何降低运营风险和减少客户成本，这显然会对部门产生有利影响。我认为这是一项重大成就，建议他尽量向上级管理层展示这篇报告。按照既定策略，詹姆斯用 PPT 演示了分析结果，并向高管团队有所展示。由于他有充裕时间进行仔细研究和思考，演示的过程非常成功。高管层目睹了他的技能，更重要的是，明确知道了他对部门的价值。

展示高绩效

过去，詹姆斯对年度评估漠不关心，认为表现说明一切，良好的表现必然带来积极的结果。这次在年度评估快要到来前，我让他使用工作成果提前准备评估中的述职部分，其中最为重要的一项成就是他在团队合规项目中担任的领导角色。这个角色需要詹姆斯运用各种技巧调解团队成员之间的冲突、组织项目进程、委派任务，并激励团队达到富有成效的结果。而且该项目非常成功，也符合詹姆斯的一些重要价值观——挑战、知识、建立关系和正直。

詹姆斯对绩效评估充满信心，准备得也很充分。他结合实例展示了合规项目、风险分析报告和其他成果对部门和公司做出的贡献。结果，詹姆斯在6个月内就得到了提拔。对成就、价值观和技能的清晰了解，让他摆脱了以往虽精明能干却默默无闻的职业角色。最重要的是，詹姆斯口才得到了提高，他向雇主展示了自己真实的水平，让雇主明白自己的工作给公司带来的价值。

其他自我评估

还可以考虑列出工作之余的兴趣活动或志愿工作。有些雇主喜欢问你在业余时间做些什么，或许通过谈话你会发现双方有着共同的兴趣，比如跑马拉松。我在一次面试中就碰到过这个问题，“谁是你最喜欢的作家?”作为一名狂热的读者，我脱口而出:“理查德·拉索。”这位作家恰巧也是我的老乡。我的回答引发了一场有趣的交流，因为面试官对拉索也很了解，她还主动说起其他几位自己喜欢的作家。这场关于书籍的谈话立竿见影地帮助我们建立了良好的关系，面试官在此过程中也对我和我的品位有所了解。所以说，双方的共同兴趣有助于在面试中建立积极的联系。

下面这些问题将帮助你明确自己的个人兴趣和抱负。

我喜欢什么类型的活动和爱好？

我的天赋是什么？

还是个孩子或青少年时，我喜欢做什么？

哪些原则、动因或问题对我很重要？

我最喜欢的书、电视节目和电影是什么？

人们会称赞我哪些特点？

如果拥有世界上所有的钱，我会怎么做？

如果有时间，我想参加什么培训或课程？

哪些梦想我还没能实现？

自我评估总结

请把自我评估得出的所有信息写成总结表。保存好这份总结，随着本书的不断深入，你需要不时从中提取信息。可以说在整个职业生涯中，这份总结都会对建立强大的职场影响力有所助益。

汤姆、琼和詹姆斯在仔细审视自身成就、长处、个人素质和价值观后，都发出了自己的声音。完成前两章的练习后，你应该对自己职场的相关情况有更多了解，懂得如何展现自身能力和信心。接下来的章节将教你学会发挥内向优势、规避内向劣势，在扬长避短的过程中让自己的声音更加响亮。

3

讲述你的故事

毫无疑问，制作精良的简历可以通过完整地描述个人状况助你成功找到工作或给你带来新的职业机会。对内向者来说，简历是一种完美的自我推销形式。他们不用走到台前，只需挖掘经历和成就，并提炼行业知识和个人素质，就可以充分展现自身特点和技能。不过无论在现实生活中还是简历里，内向者在自夸时总会觉得不自在，因此很容易忽略一些值得称道的成就。从犹犹豫豫的表达方式就可以看出，夸耀成功对内向者来说简直就是一种放纵且毫不掩饰的自我吹捧。但实际上，如果他们不敞开心扉，往往容易错失良机。

在当前的竞争经济和创新经济中，结果才是唯一重要的，所以请大胆向雇主证明你是一名出色的员工。不要害怕在简历上用醒目的文字宣扬自身经历和成就。你的目的并非吹牛，而是让对方明白你——或者说只有你——能够为组织创造价值。而且，在简历中的自我展示也有助于你提升自信心和个人价值。

本章中，我们将一起确定策略、制作简历，以展示你是一位注重结果的专业人士。我会提供一些撰写简历标题和个人概述的技巧，让你的个人品牌在受众心目中留下深刻的印象。为了确保你的简历与时俱进，我还会呈现最新的简历设计趋势和技巧。对内向者来说最为重要的是，制作一份优秀的简历并不需要把自己转变成一位外向者。

5 大简历趋势

静下心来，数 6 秒。根据一家知名在线求职服务商的最新调查，这就是招聘人员浏览一份简历的平均时长。如此粗略快速地浏览和总结一个人的全部努力可能听起来让人觉得难以想象。这种发令枪式的简历审查方式可能会因雇主和公司的招聘程序不同而有所变化，但有一点是相同的：你的简历必须从人群中脱颖而出。不管是 6 秒还是 1 分钟，只要一眼，简历就必须引起注意。这种闪电式的浏览速度意味着传统简历需要变得更紧凑、更简短和更凝练。

既然雇主在每份简历上所花时间少得惊人，怎样才能引起他们的注意？其实，雇主们主要就看 5 方面内容，所以把这些融入简历才是吸引注意力的最佳方式（只有被注意到，才可能获得面试机会，让对方确信你是最佳人选）。内容可归纳如下：

成就

在浏览简历中的职位头衔、基本职责和首要任务时，雇主主要是在寻找结果。只有在成果、创新和解决问题方面取得成就，才能体现你的价值和绩效。

个人品牌——你是谁?

你和其他应聘者有什么不同?只有突出成就、贡献、才华、激情和远见,形成个人品牌,才能让雇主了解你是谁。所以,在简历中加入个人品牌的相关内容可以让潜在雇主了解你的与众不同之处。

短小精悍而引人入胜的叙述

叙述需简明扼要,考虑使用更短的段落和更紧凑的句子。

关键词——快来找我!

特定词语和短语能帮助雇主迅速确定你是众多应聘者中最合适的人选。因此,在简历中有策略地使用这些词语是通过初步筛选的重要因素。考虑到如今许多雇主使用计算机溯源系统和求职跟踪系统,关键字的出现频率和准确程度尤为重要。

格式——以生动的颜色显示

可以使用技术手段在简历中加入一些色彩和图表之类的设计元素,蓝色线条或灰色标题等微妙细节也可以为黑白页面增添活力。当然,如果你确实更喜欢使用传统的简历格式,问题也不是很大。

如果在塑造个人品牌或撰写其他内容时,内向性格使你感到焦虑,请不要着急。接下来我们将详细讨论上述 5 个方面,确保你学会撰写一份漂亮的简历。

从战略开始

首先，使用内向者善于集中精神的天生能力，把重点放在行业/领域和目标受众上。在当前所在领域，有哪些特定的经历、才能、成就和个人素质能让你取得成功？这些答案将帮我们确定一些关键词，并为整个简历的撰写打下坚实的基础。这里列举了一些在特定专业领域取得成功所必需的相关职能和个人素质。

- 销售：

相关职能：拓展销售区域、超额完成销售任务、建立关系网

个人素质：热情、合群、竞争力

- 高级行政人员：

相关职能：业务拓展、创新、领导力

个人素质：果断、有抱负、强势

- 教师：

相关职能：学习环境、文化多样性、课程

个人素质：同情心、创造力、接受力

- 生物医学工程师：

相关职能：数据分析、热力系统、原型

个人素质：毅力、分析能力、创造力

列出与职业经验和工作目标相匹配的词语，并应用于标题、概述和工作描述中。应届毕业生也可从实习、活动或课堂项目等

经历中提取相关词语。如果是休息了一段时间打算重返工作岗位的求职者，则可从志愿服务、社区委员会任职和参加专业课程或培训等有价值的活动中提取关键词。

成就

如果工作是生气勃勃的，简历当然也应该是生气勃勃的。展示成功工作结出的丰硕成果是时代的大趋势，也是优秀简历不可或缺的部分。

迄今为止，你在职业生涯中所做的哪些事情体现了才能和技能？完成的特定项目或计划产生了哪些显著效果？在回答问题的同时，请考虑哪些答案让自己难忘，又有哪些答案会让潜在雇主觉得你是个有吸引力的应聘者。

请回到前面章节的自我评估总结表，从中选出一些特色鲜明的工作成就。再检查一下总结表，如果之前有被遗漏的工作成果，请补充进去。

以下是一些令人信服的成就实例：

启动和实施项目、过程或程序

介绍新的想法、策略和技术

提出问题的有效解决方案

精简成本或减少浪费

增加利润或收入

扩展项目

保障资金

创造和创新

要通过自夸的方式完整地展示曾经取得的成就，内向者的灵魂自然会有所挣扎。不过，克服这种矜持至关重要，否则不但会错失提升自己的黄金机会，也会让雇主忽略一位潜在的优秀员工。尽量借助天生的专注力来克服犹豫，让成就作为职业故事中的重要环节。简而言之，请相信自己很重要，所取得的成就也很重要。

成就描述：内容修改前后

希拉是位表现优秀的内向者，她几乎掩盖了自己成就中最出色的表现。而在说清楚细节后，画风完全改变了。

希拉在一家营销公司工作，负责为客户设计和组织社交媒体活动。她最引以为傲的一项成就是为某在线服装公司设计和组织的一场大型社交媒体活动。她的工作非常有效，活动相当成功，以至于客户决定用社交媒体彻底取代传统的营销策略。最重要的是，客户专门聘请希拉来组织未来所有的社交媒体活动。然而，这位才华横溢的女性几乎完美回避了为简历增光添彩的机会，既没说清楚自己出色的工作，也没提及为公司取得的优异结果。请比较希拉修改前后的两个简历版本：

修改前：成功实施 B2C 社交媒体项目。

修改后：设计并成功实施了 B2C 社交媒体项目，客户此后放弃了传统广告营销模式，与本人所在的公司展开深度合作。

并不是任何成就都需要量化，但把令人满意且富有成效的结果排除在外也许是致命的错误。在没有佐证的情况下，未来雇主很可能会忽略希拉独特的创造性思维以及建立商业关系的出众能力，而这些显然可以带来更多的业务。

范围—贡献—成果（SCO）

这是我开发的一个公式，旨在帮助客户通过简单的步骤写出漂亮的成就概述。公式细分如下：

范围（scope）：项目、任务或计划的概况和范围

贡献（contribution）：你的作用

结果（outcome）：取得的成果

下面两个案例可以说明如何应用 SCO 公式来描述个人成就。

开发主管

成就：主管博物馆的会员项目。

范围：全馆正式会员 500 人，免费会员 900 人。

贡献：管理项目，改进会员福利，增加会费收入。

结果：会费项目收入在两年内从 22000 美元增加到 40000 美元。

成就概述终稿：管理博物馆 500 名正式会员和 900 名免费会员的服务项目。改进会员福利，并扩充会员项目，使会费收入在短短两年内从 22000 美元增加到 40000 美元。

平面艺术家

成就：因表现优异，由高管指派专门为公司主要客户服务。

范围：小型项目的数字图像建构和三维建筑设计。

贡献：用出色的业绩证明能力。

结果：被委以重任，负责为一家顶级医药公司设计和制作包装、广告和销售材料。

成就概述终稿：曾在一家广告公司负责小型项目的数字图像建构和三维建筑设计。由于表现出色，不久被指派专门为一家顶级医药公司设计和制作包装、广告和销售材料。

用 SCO 公式来撰写一份自己的成就概况试试，记住多用漂亮的动词。

品牌化

要在当今创新经济和零工经济环境下取得成功，你可能需要把自己视为产品。也就是说，必须找到推销自己的最佳方式。对内向者而言，这当然不是什么有吸引力的事情，但撰写简历也是自我提升的一种方式。只要创造出独特的个人品牌，雇主的目光自然会被你吸引。要是觉得把自己当作一个“品牌”过于漠然、直白和冷淡（内向者容易这么觉得），不妨把这看作面对雇主进行自我介绍或者展示职业生涯的一种方式。这样的视角能让你安静下来，集中注意力完成一份出色的书面简历。为了帮你打造个人品牌，我将从标题和概述开始一步步引导你完成简历制作。

应届毕业生或重返工作岗位的女性不应把重点放在个人品牌和标题撰写方面，而要尽力获取经验和自信，一边工作，一边记录自身成就。

标题

一个含义丰富、文理通顺的标题能让受众知道你是谁、你的工作目标是什么以及你有哪些与众不同之处。最重要的是，它有助于快速建立个人品牌。所以说标题就像个背景板，经历、成就和教育背景等简历重要的组成部分都可以在此有所体现。

请从前面完成的成就表格中选择性格特征和技能关键词，如有必要可在表格中增加一些所在领域的相关技能。

根据职业背景和目标雇主选择一个常见的职位头衔，然后考虑采取何种策略来吸引未来雇主的目光。通常而言，如果标题中包含目标雇主所需的成就或技能关键词，简历会得到最多关注。

下面是 3 个不错的标题实例。虽然风格各有不同，但都可以让雇主在刹那一瞥后就觉得简历主人是值得选择的对象。

- 人力资源领导者和变革主管

标题特点：简洁而切中要害，可以在之后的概述中添加更多的个人信息。

- 抱负远大、创意无限的医药代表，因持续超额完成销售目标而获得认可

标题特点：突出个人素质和取得的成绩，容易引起企业销售部门招聘者的兴趣。

- 业务总监和顾问

标题特点：包含多项吸引目标雇主的职位名称和管理能力。

概述

标题之后是一段简短的个人概述，有时也称个人资料。概述是标题的补充，包括职业亮点、取得的成就、专业知识和性格特征等内容，以渲染应聘者的成功并树立个人品牌。概述长度大约四五个句子，主要用来体现个人价值主张。

撰写个人概述的捷径是先把主要工作经历拆解为独立类别，再把类别中的相关信息整合起来，形成可有效支撑个人品牌的文字。

职业亮点：多年相关经验（如有）、知识体系和专业水准

关键优势和才能

取得成就

性格特征

再来看看那位才华横溢的人力资源专业人士，她是如何将这些相关工作信息整合在概述中的。

• 人力资源领导者和变革主管

富有同情心的领导者，曾经通过设置业务优先级的方式超额完成了业务目标。工作表现突出，成功领导了整个企业的员工转型工作，员工满意度提高了 10 个百分点，由首席执行官授予“最佳员工”荣誉称号。

核心部分可拆解为：

职业亮点：超额完成业务目标

关键优势：领导力

取得成就：最佳员工荣誉称号，员工满意度大幅提高

性格特征：富有同情心

下面是另外两种包含主要经历的概述写法，分别来自一位信息技术专业人员和一位教师。他们没有把所有技能和成就放在

一段，而用其他格式单列出来加以强调。

• 高级信息技术专业人员

具备跨领域经验的创新技术领导者，在开发底层软件和提出新的流程解决方案两方面受到广泛赞誉。善于弥合客户、管理人员和技术人员之间的沟通障碍，具备创作前瞻性设计和构思长期愿景的能力。

在技术领域，软件和过程设计等特定技能是极其重要的。因此，在个人概述中单列含有关键词的技能可以让雇主清晰了解其技术水平和能力。评估求职者的计算机能力之余，雇主还能快速了解到应聘者有过跨领域的工作经验，还具备创意设计和问题解决的能力。此外，这种格式还强调了自己与不同人群的沟通能力，这在雇主看来也是个加分项目。

• 小学教师

热心机智的教师，致力于创造有效的学习环境，以满足学生的社会、情感和认知需求，努力帮助学生发现内在潜力。

设计和开发创新课程，以适应不同的学习风格和层次。

创建并引入的多元文化意识课程，成为米勒斯维尔小学所有学区的示范学习课程。

擅长课堂组织、纪律管理和课后支持，帮助孩子在学业和社交两方面都取得进步。

乐于与学生、教师、管理者和家长建立互信关系。

当选米勒斯维尔学校董事会教师代表。

这位教育从业者在概述中用简短的一段文字描述了自己的教学主张和教学方法，还列出了两项重要成就（“当选教师代表”和“引入多元文化意识课程”），因而在其所在领域的众多求职者中得以脱颖而出。

简洁而切题的描述

想要全面客观地描述工作经历，可能不知不觉就用了过多的形容词，这会让雇主喘不过气来，甚至看糊涂了。因此，请抵制这种诱惑，让雇主看到真正想看的东西。如果你从事咨询工作或企业管理，也有必要让客户了解你所提供的服务的性质。

在这个信息过剩的网络时代，雇主会把注意力放在结果和成就上。所以不要把什么都一股脑儿塞进简历，节省空间，写清楚工作中最主要的成就。开始写简历前，先厘清想要传达的众多信息，然后归类到最相关的部分。接下来进行整合，清楚易懂地描述工作的主要职责和任务。成就列表应放在工作描述之后，以证明积极工作的成果。最后，一定要多使用漂亮的动词，避免平庸的叙述方式。

下面是一些简洁切题的例句，在客观描述关键职责时可以借鉴。

带领和管理6个客户代表团队，与马里兰州50多家医院和癌症中心建立了动态合作的伙伴关系。

评估业务需求，构想和实施充分利用离岸资源和在岸资源的方案。

为全美曲棍球联盟、全美职业棒球大联盟和大学体育项目撰写前瞻报道和专栏文章，并发布到国内外新闻网点。

关键词

起草简历时，要时刻记得目前很多雇主和招聘人员使用计算机溯源和跟踪系统进行快速扫描，关键词正是雇主在众多求职者中寻找合适人选时所使用的特定词语或短语。为了确保在鱼龙混杂的招聘环境中得到关注，尽可能在简历中多加些行业常用语。

以下是一位医院护士在描述技能时所使用的关键词：

急诊程序

生命支持

重症监护室和重症监护病房

静脉治疗

护理计划管理

制图与归档

社区卫生问题

医护关系

求职网站和领英上的招聘信息通常包含特定行业术语，这是寻找合适关键字的上好途径。保存或打印 3 份相关招聘公告，阅读其职位描述的部分，就会发现雷同的关键词，而这些是你在简历中也可以使用的。另外，使用云词汇网站也很有帮助，它们用视觉的方式帮你定位那些难以捉摸的词语。只要把工作描述复制粘贴到这些网站上，大量相关词汇就会以不同颜色和大小呈现出来，而且招聘公告中出现最频繁的词汇会突出显示。最后一种确定关键词的方法，是向该领域经验丰富的专业人士寻求建议，他们对行业术语和常用词汇都非常熟悉。

教育程度和其他有价值的栏目

学位、专业和教育机构等信息是简历中必不可少的内容，但不要就此满足。应届生可考虑列出与目标工作相关的课程、研究或毕业设计，奖学金和特殊荣誉也可以写在简历中。平均绩点对部分人来说可能是个敏感问题，但如果成绩不错，自己觉得是项成就，不妨在教育程度这一部分大书特书。

如果你已离校超过 5 年，教育程度相关信息应出现在简历末尾。雇主最感兴趣的是你目前在做的事情，因此工作经验应该是简历第一部分的内容。如果获得过高级学位（如工商管理硕士、高级护士、哲学博士和法学博士等)，可以在名字旁边加上学位首字母缩写。

如果你博士刚毕业，正在寻找学术界以外的职业选择，那只要在简历中写明与目标工作相关的介绍和著作信息就可以了，没有必要附上一份冗长的学术清单。

职场的快速变化提出了终身学习的要求。应该在简历中写明所有专业或学术培训信息，以证明自己拥有终身学习的能力。像职业课程和职业证书等也是财富，应该包含在教育信息中。而六西格玛或锐化技术这样的特殊培训，则足以说明你在相关领域完全跟上了潮流。

内向者在撰写简历时容易忽视一些加分项，比如职业奖励、社区服务和职业著作等，其实这些内容可以展示你的潜在优势并让招聘者更加倾向于你。

荣誉 / 奖励

如果你是应届生，不仅成绩优异，其他能力也很强，那就值得大书特书。还有，你是否曾经获得超额销售奖励？是否曾经提出过可持续发展计划？是否曾经采用方法降低成本？请务必确保类似内容在简历上看起来很醒目。

专业关系

显而易见，经常更新专业知识和提高专业技能的员工会给雇主留下深刻的印象。如果你曾在委员会就职或当选专业协会领导，请大胆清晰地表达出来。类似“我是一个领导者”这样的信息不仅应是醒目的，甚至应是夺目的。

报告 / 公开演讲

在当今注重信息的职场中，善于交流思想或知识会很受欢迎。通过简历让雇主知道你能够镇定自若地当众宣讲知识和组织活动，这也是一大亮点。就算是内向者也永远不要低估自己的演讲技巧。即兴演讲或许让你不知所措，但要是有充分时间提前准备，你也可以是个引人入胜、鼓舞人心的演讲者。

社区服务 / 志愿服务

良好公民的身份会让招聘者确信你是个和谐的团队成员。在社区保持活跃也可以增加与同事的合作机会，并得到指导和建议。工作一般都是朝九晚五，但下班后你仍然代表着公司形象，在社区委员会兼职或担任志愿者，可以提升你在组织内的个人价值。

著作

在专业刊物上发表文章或研究报告能证明你的写作和编辑才能，这也是许多雇主看重的。出版著作让你的知识和专业水平得以在全国范围内传播，雇主也会对此感到欣喜。哪怕在线出版也能增加你的知名度，应该在简历中有所体现。

视觉呈现

许多求职者急于让雇主看到自己的优秀表现，却忽略了简历的整体呈现。不要犯这样的错误，选择醒目的简历格式和布局更容易引起注意。

可以在设计过程中发挥创意让简历吸引眼球。下面的提示会引导你如何入手，首先请确保遵循布局和格式的两大关键规则，从视觉上吸引人和确保可读性。

传统字体是个好选择，但也可以大胆使用更优雅的字体来传达品位。有些现代字体不但漂亮，而且在附件中也不会出现乱码。当然，没有必要只限于使用一些最常用的字体，如果你从事艺术或视觉设计行业，可以考虑尝试其他有趣的字体。

使用粗体和斜体、改变字号大小或使用大写字母来强调关键信息，以吸引读者注意力。不过，要注意斜体字的视觉效果略有古怪，应避免过度使用，尤其在细节描述部分要少用。

根据简历风格的不同，字号大小应有所不同。尽量在简历中只使用一两种字号，否则会引起视觉疲劳，让受众停止阅读。

如果喜欢与众不同，可以考虑用流行色来做简历底色。灰色、浅蓝色或淡米色是较为柔和的底色，如果你喜欢醒目一些，红色也可以。不过，应该避免使用太过显眼的暗色系。主标题、标题下的线条以及联系方式等，可考虑使用不同的底色。当然，如果你对传统黑白简历情有独钟，也没有什么坏处。

在重要成果后用图形或图表来强调业务、收入或销售增长。技能和特殊成就也可以用比较时尚的图形来突出显示，很多计算机程序都提供了一系列便于使用的图形和表格模板。

把姓名和主要标题加粗，使简历更具视觉效果。

如果担心隐私和安全问题，就不要写个人住址。但电话号码和电邮地址是简历的必备信息，把领英个人主页链接放在简历里也不失为一个好主意。

合理布局各类页面信息，使文字和留白比例恰当，确保视觉上不碍眼。

明确的成就和技能应该列明，但请记住，冗长的清单会让人看得精疲力尽，结果只会适得其反。

保持页面布局的连贯性，让受众能轻松看明白。

避免使用限制创造力且不能体现个性的模板。

避免出现类似“证明材料备索”这样的内容，这种不必要的内容只会占用宝贵空间。如雇主要求提供，可以另发完整材料或附上一份清单。

简历在公开投递前务必先打印出来仔细检查，设身处地地为招聘者考虑，这份简历是否通俗易懂、一目了然？此外，不要因小失大，要用高品质纸张打印，因为每次去招聘市场参加面试都需要带上简历的纸质版本。

网络投递简历

要确保制作完毕的简历安全到达投递地址。也就是说，电邮地址和标题格式不能出错。

上传简历

如今多数雇主要求将简历作为附件发送到特定邮箱或上传到指定网站。这可能需要对格式进行一定的修改，一定要按照雇主要求上传简历，确保文件可以打开。

求职者跟踪系统

如今许多大型企业和猎头公司的招聘者使用省时省力的求职者跟踪系统或计算机溯源系统来快速浏览简历，以锁定最优秀的求职者。这些系统可能会一票否决格式错误的简历，所以一定要使用适合系统读取的常见版本。最近研究显示，有近 75% 的求职者因简历格式过度个性化而被系统拒绝。

为避免格式问题，在申请大公司时请遵循以下基本原则。

使用概述、技能、职业经验和教育程度等常见标题。

少用图表或花哨的符号。

使用标准字体样式。

可以使用项目符号，但避免使用箭头和打钩等符号。

远离阴影和边框。

最好以姓名 + 简历的格式作为文件名。

最后提醒一下：关键词是求职者跟踪系统能够轻松读取的重点。

可通过公司网站上的职业/工作页面来判断哪些雇主使用求职者跟踪系统。求职者跟踪系统供应商的标识可能出现在网页底部。如果没找到标识，把鼠标移动到“申请职位”按钮上，浏览器状态栏会显示目标网址。如果这个公司使用了求职者跟踪系统，网址会提示供应商。

请注意，多数人都是通过中介和人脉找到工作机会的。当人事主管根据中介推荐审阅你的简历时，意味着你花费大量时间、精力设计制作的简历终于有所回报了。你不再需要通过冷冰冰的求职者跟踪系统去投递简历了，联系人会把你的简历交给招聘主管。

当社交会面或潜在商业机会出现时，一份内容翔实、设计精美的简历是关键。如果手头没有一份纸质简历，就不要去参加面试了。

4

实时提升自我

社交媒体可能会对内向者产生巨大威胁。一般来说，内向者注重隐私，往往担心在网上曝光过度。然而，在当今竞争激烈的职场中，你必须做好心理准备暴露部分隐私，只有这样才能加入成功人士的行列。如果仍对此心怀忐忑，不妨继续阅读下去。即便内向者也能学会打开一扇门，让社交媒体成为一种有效而亲切的工具。

不管是建立个人品牌，还是树立有吸引力的线上形象，都应该提高自己的社交媒体使用质量。使用社交媒体不仅能给你充裕的时间思考，还能让你舒适地坐在办公桌前安静而不受干扰地思考公司的现状。另外，各种社交平台还有助于接触和建立宝贵的职业关系网。

本章旨在让社交媒体成为内向者的完美营销工具。我将在充分尊重隐私的前提下，帮你确定职业发展最佳曝光率。领英需要完整的职业资料，而推特和脸书则只需要比较简单的介绍，如何撰写这些个人信息是本章的重点内容。等你真正意识到社交媒体对工作和生活的作用时，可能会大吃一惊。

领英

领英已成为塑造职业生涯的超强手段，它是联系行业内专业人士的理想方式，也是探索和发现新机会的完美途径。根据最新统计数据，领英目前的 5 亿会员来自 200 个国家。每天 1.9 亿活跃用户中有 300 万人通过领英找到工作，越来越多的招聘主管和招聘人员来这里寻找合适的雇员。略微夸张地说，不使用领英可能就找不到理想工作！

利用领英的优势

拥有 5 亿会员的领英是全球最大的在线职业网络，所以即使有点儿不自在，也不能犹豫是否加入这个庞大的关系网。成为会员有如下益处。

- 增加曝光度

你能找到别人，别人也能找到你。这就是领英对内向者的好处。填写个人资料后，雇主或同事可以轻松找到你。如果专业背景、成就和技能等方面合适，他们就会联系你。不使用电话和邮件也可以和未曾谋面的同事或领导进行交流，这对内向者来说是件特别好的事情。只要发送个人资料中的简要信息就可以建立初步联系，领英联系人的回复速度比传统邮件更快。

- 建立关系网

领英的核心功能是组织和建立关系网。你可以邀请他人加入你的社交网络，而这位受邀者可能会让你新认识一位有价值的联系人。领英算得上职场界的多米诺骨牌，在这个游戏中你可以取得胜利。

- 提供最新信息

领英在很多层面上来说都是个很棒的资源。你可以持续关注所在领域正在发生的事情，也可以接受邀请加入团队，还可以接收感兴趣的公司和组织的研究摘要。

- 招聘职位最大化

每天都有大量的雇主蜂拥而至，来领英招聘员工。招聘人员和招聘主管日均扫描数百份领英个人资料，以锁定最佳选择。

- 增加机会

领英还能提供众多其他机会，比如签订特殊项目合同、受邀演讲、为博客或出版物写推荐等。

你可能会觉得整个世界都在社交媒体上看着自己。出于这个原因，内向者经常畏缩不前，最后在社交媒体上只提供简单的个人信息，有时仅仅是简短的纲要。无论在这一过程中是否有所保留，都不要停下来。给自己开个绿灯，看看领英能对你有哪些帮助，努力创建能被所在领域同事、雇主和领导者注意到的个人资料。

大学高级管理者罗伯特：领英怀疑者

罗伯特是个沉默寡言而能力出众的内向者，领英热潮刚刚兴起时他开设了账户，但个人资料中只包含了经历和技能等最基本的细节。罗伯特不理解网络的力量，也不知道如何利用它。我向他解释了如何利用领英发展职业生涯后，他决定完善个人资料。我和他一起增补了领英个人信息，以期建立更多的联系。

没想到罗伯特的前老板、学生事务副教务长苏珊娜通过邀请后，罗伯特有了一个意想不到的机会。她先是发了一条领英消息，说会给罗伯特打电话。不久，他们开始讨论彼此在本领域看到的新趋势和发展迹象。苏珊娜随后告诉罗伯特自己受邀在一个大型专业会议上主持研讨会，并邀请罗伯特一起参加。这是一个经典而引人注目的实例，说明领英联系可以直接带来令人兴奋且意想不到的机会，可以令职业生涯更上一层楼。

走进领英

开启领英生涯非常简单，按以下步骤操作即可。

开立账户

如果你还没有加入领英，不必感到尴尬，设立账户既快捷又方便。只需进入网站填写一些基本信息，点击“加入”按钮，然后确认下电子邮件，就大功告成了。只有你自己可以决定何时公开个人信息，所以也不用担心发生什么糟糕的事情。

选择头像

头像是个人资料中最先被看到的内容之一。你当然需要一个吸引人的形象，但请确保头像看起来既专业又平易近人，要把头像当作传达个人特质的方式。虽然脸部占据了约 60% 的头像空间，但着装也要符合行业和专业水平。如果你还在犹豫是否使用真实头像，请考虑以下数据——根据领英的最新统计，添加真人头像后浏览次数会增加 11 倍。

确定标题

大声读出标题，因为这是出现在名字右上角的第一行文字。可以使用简历上的标题，也可以在领英上重新修改，使之更有味道、更具整体吸引力。根据所在行业的性质，标题可以是简洁而切中要害的，也可以是具备独特创意的。艺术、娱乐、销售和市场营销等业务领域可能需要一个能立刻吸引读者的标题。相反，在一些传统领域，如教育、医疗、法律和会计，则最好使用更直接、不那么朗朗上口的标题，因为这些领域更注重专业性。

信息摘要

摘要是序曲的开始，你和你的事业随之拉开帷幕，所以请站到聚光灯下让同事和雇主为你喝彩。撰写这部分内容需要考虑目标受众的特点和需求，将一些至关重要的关键词融入其中。没错，这个部分也可以借鉴简历摘要，不过，领英摘要可以长达 2000 个字符，这让你有更多空间去创造一副惟妙惟肖的自画像。

撰写领英摘要前请明确下列问题。你可能不必使用答案中的所有信息,但思考这些问题会帮你了解摘要应该包括哪些信息。

你的职业生涯核心主题是什么？

是什么使你成为一名称职的专业人士？

你最重要的职业成就是什么？（你应该已经从第三章得到了这个问题的答案）

上司、同事、客户如何评价你的工作和个人风格？

你在哪些领域有专业知识？

你是如何建立和维持职业关系的？

你精通哪些行业的数据库、程序、工具或技术？

以下实例代表了领英摘要的不同风格。它们都在简历摘要的基础上成功讲述了一个更饱满的职业故事，其中第一人称的使用带来了个性化而有吸引力的语调。

● 技术顾问

IT 与变革专业人士——连接人类、理念和技术

我相信技术可以让人们的生活更美好。但在有必要做出改变时，人们往往会持怀疑态度。

我致力于激励和促进人们在技术进步中成长。管理层赞赏我以人为本的方法，因为我在用户体验和变革管理之间建立了强

大的亲和力。最终，受到新系统、新网站或新产品影响最大的是用户本身。

苏珊在摘要中介绍了自己的技术哲学观和技术的影响力。其中不但包含目标和个性信息，还说明了她与高级客户合作的方式。这样的创意摘要引人入胜。

- OPEN BOOK 主任

写作与出版顾问 / 企业家

作为编辑、出版经纪人、记者和作家，我的整个职业生涯都处在出版行业。我是个有创意的思想家和问题解决者，最喜欢的一句话是："我有个主意！"我也是一个经验丰富的作家和编辑，乐于在写作方面帮助其他作者。我自己出版过几本书，现在为《费城城市报》定期写博客，博客名叫 Get Lit。我还经营一个独立书店——OPEN BOOK 书店。

这个摘要糅合了不同的角色、技巧、成就和个性，短短一段就表述得非常清晰。

- Liveoak 技术公司首席运营官

我是 Liveoak 技术公司的首席运营官。我们是一家初创公司，能将视频会议、实时协作和电子签名结合起来，减少文书工作，帮助客户企业更加电子化。我负责 Liveoak 在纽约的业务，专注于销售和业务发展。

最近,我参与了一个巴克莱加速器合作项目。参与此项目前，我还是瑞士信贷房地产集团的投资银行合伙人。我有分析和执行 IPO 和并购的经验，也有包括房地产投资信托基金、酒店、住宅、赌场和休闲公司等其他资本市场交易的经验。在加入瑞信之前，我获得了范德比尔特大学的法学和工商管理联合硕士学位以及杜克大学的学士学位。

我性格开朗，乐于交际，联系请发电邮至: jjjjjj@gmail。

这位年轻的专业人士将摘要重点放在经验、技能、资历和整体可信度上。与许多年轻的专业人士一样，他已经从事过多个工作。在摘要中强调经验和资历很有必要，因为这些体现了他职业生涯的轨迹和多样性。

上述实例说明：哪怕是内向者也能舒服地写出一个值得骄傲的摘要，传达自身独特和有价值的素质，并为个人品牌提供支撑。在撰写摘要时，首先考虑一下自己的行业性质和职业背景，然后想想这些内容与你的独特才华和个人优势如何融合，最后整合所有信息，完成领英摘要。

技能集合

在个人资料中列出技能十分简单！只要从技能练习和简历

中提取出来，人们就会发现你是多么能干和博学。列出技能的另一个好处在于，它们含有很多关键词，可以进一步吸引使用计算机跟踪求职者系统的招聘人员和招聘主管。

选好了技能，同事和职业联系人就可以来认可你的技能。当然，你也可以去认可他们的技能。

建议

请无私地认可他人。如果工作确实出色，也请不要谦虚，要允许他人承认你的成功。你应该知道，老板或客户通常很乐意给你鼓励，并认可你的表现。

如果你是企业家或从事咨询、营销和销售工作，请寻求顾客或客户的建议。你所得到的建议可以用在个人资料中，以展现自身的成就和特点。

许多高级专业人员习惯于在领英上为雇员或客户写简短建议，通常是四五句话，这比传统的建议信要短得多。根据关系的亲疏远近，可以有策略地选择一些能够评论不同技能和成就的建议者，甚至可以要求对方给出特定方面的建议。如果收到写得不好或内容让你不舒服的建议，也不必担心。领英会先通过电子邮件把内容转发给你，让你决定是否显示。请放心，在未经许可的情况下，建议是不会出现在你的个人资料中的。

有些建议可能包含拼写错误或内容问题，如果觉得有必要，可以请求建议者编辑或修改下。当然，要注意别冒犯他们。

考虑回报他人。正如别人所做的，你也可以在领英上给自己指导、监督或崇敬的同事提出建议。

成就

有些重要内容可以加在个人资料的“成就”之中,比如证书、社区参与、志愿者经历、学术课程、著作、奖项和荣誉等。和在简历中一样，这些也会在你的领英个人资料中体现出来。

教育背景

与简历相似，这部分内容主要包括基本的学术背景：毕业学院或大学、专业和学位。应届毕业生可以在这里列出学校活动、学术团体、研究课题或特殊项目。如果刚毕业几年但仍在参与校友活动，也可以在这里加以强调。

圈子

领英圈子的壮大可谓一日千里，不断有职业和行业组成新的圈子。你可以加入相关行业圈子与其他成员多加讨论，这可以让你在职业发展过程中得到很多资源。

对内向者而言，这无疑是个行业资源的有效工具。只要敲击键盘,你就可以与所在领域的专家建立有益而富有成效的关系，确保自己跟上行业发展的步伐。另外，同事、招聘主管和高层领导也能看到你在职业发展方面的用心。

多媒体与视频

在领英个人资料中加点料，能让你的形象更加引人注目。你在工作中制作并展示过幻灯片或主持过特殊活动吗？为专业在线出版公司撰写的文章是怎样的呢？或者在热门的在线媒体上发表过文章吗？你在博客上提出的建议价值几何？借助多媒体手段把职业生涯的故事用文字和图片展示在个人资料上是个好办法。在个人资料页面顶部点击“编辑”，新页面底部就会出现“媒体”标题；在这里可以上传文件或添加视频、照片、外部文档（比如文章）或演示文稿（比如幻灯片）等。

如果不怕害羞，还可以在个人资料中放上一段演讲视频剪辑。或者干脆更大胆些，制作一个两三分钟的视频来展示下工作内容。无论是躲在幕后展示写作才华，还是走到台前展示视频片段，多媒体都可以用绚烂的方式讲述你的故事。

领英资料个性化

- 定制领英主页网址

注册账户时，领英所提供的主页网址在名字后会有一串数字。而如果要把主页印在简历和名片上推广，网址需要尽可能简单。只需点击“编辑”并删除数字，就可以实现网址简化。

- 添加链接

个人资料摘要可以包含最多 3 个网址，可以考虑链接到你的专业网站、博客或在线作品集，以进一步展示自身技术能力和与工作相关的技能。

- 相关工作描述

没有必要在个人资料中列出所从事过的所有工作，根据自己的职业目标和潜在雇主，列出匹配工作并描述相关经验即可。可以从简历中复制粘贴一些内容，但在领英上要更短、更紧凑。如果已经有段时间不上班或刚刚毕业，那么列出实习工作、志愿者经历和主持活动也是完全可以接受的。请注意，读者可能会一目十行，如果过于冗长，他们会失去注意力和耐心。

- 更新状态

经常检查领英个人资料以保证当前信息是最新的。更新职业生涯中的变化，如工作变动、升职、行业奖励或特殊成就等。

- 保持领先

向同事和招聘人员展示自己的积极向上和与时俱进，努力发布和分享容易引起讨论的行业相关文章或问题。此外，注意阅读同事或领导的文章。当你看到某个同事发布了升职消息时，一定要表示祝贺！当然，不要错过同事、雇主和招聘人员的站内消息。你可能会得到令人兴奋的职业机会，也可能会和思想领袖交流。这些都是在领英上保持联系的积极方式。

- 明确职业兴趣

招聘人员在领英上浏览和搜索候选人时，可能会觉得你是最佳人选。然而，不知道你是否真的对新机会感兴趣是件让人恼火的事情，这相当于浪费了他们的宝贵时间。如果你并没有在积极寻找一份新工作，而是愿意接受各种可能性和机会，不妨试试领英的“职业兴趣”功能。这个新功能在“空缺职位”搜索框下突出显示了出来，你可以在此填写职位偏好、头衔、行业兴趣和理想工作地点等信息。完善这一信息，招聘人员和招聘主管就不会纠结于你是否真的对新领域持开放的态度。同时，由于并非所有人都能看到你的职业兴趣，你也大可放心隐私问题。

领英人脉：联系人和更多联系人

领英人脉通过建立动态关系网使你的个人资料锦上添花。记住，随着关系网的扩大，潜在职业机会也会成倍增长。毕竟你应该很多次听过这样的故事：有人通过某组织的重要人物找到了新工作，获得了升职，拿下了特殊项目。所以，可以把领英想象成一个关系驱动引擎。

一份可靠的人脉列表可以把你跟有成就的人联系在一起。不管本性如何胆怯，你最不应该做的事就是向同事和雇主传达这样的信息——你害怕社交媒体，并不热衷于跟其他专业人士打交道。用 500+ 的人脉列表体现你很受欢迎是没有必要的，但拥有 50~125 个联系人是起码的。可以在生活中保留些隐私，但不要在领英上也自我封闭。在会议、培训甚至社交生活中遇到同事和领导时，友好地邀请他们在领英上“联系”起来。

领英身份：必不可少的在线存在

并非所有雇主都使用领英来招聘求职者。他们很可能会先在谷歌上搜索你，看看你的网络形象怎么样。由于领英通过技术优化在搜索引擎上排名前列，其个人资料在搜索结果中也排名第一，因此，哪怕雇主不使用领英，也会看到你的个人资料。

不久前，我在一家小型非营利组织的人才委员会担任董事，负责物色一位新的执行董事。该委员会在领英和当地非营利网站上都发布了招聘信息，很多优秀候选人出现了。我们先在谷歌上搜索最优秀的候选人，评估其领英个人资料的质量和内容，少数没有领英资料的人首先会被淘汰。委员会一致认为，任何候选人都应该意识到领英在促进组织、联系同事、支持专业发展以及提供招聘工具等方面所发挥的作用。最重要的是，重视领英的候选人知道如何最大限度地借助这一重要工具来帮助组织实现目标。

诚然，没有领英的帮助，人们仍然可以找到工作、建立关系网、发展事业。但在网络空间，如果你没有使用领英，也就意味着你在职业层面缺乏存在感。

推特

有必要玩推特吗？推特是每月有 3.28 亿活跃用户的社交网络工具，可以实时推送行为和观点。我似乎能听到内向者的声音，“哇！我从不曾把自己的生活放到首页上”。放松点，推特可以选择推送时间和对象，所以保护隐私很简单。

推特与领英的不同之处在于，它是个开放的网络。在领英上，你和联系人需要双向同意才能建立联系。而推特上的关注则可以是单向的。没有正式联系，也可以阅读所在领域专家的推文。所以，何不向行业专家大胆提问或回复同事推文来表达兴趣呢？

推特的实时性

推特新手可以先观察思想领袖的言谈，然后再开始自己发推文（140 个字符以内的短文）。如果在参加会议或听行业领导者的主题演讲，你也可以在推特上即时分享领悟到的灵感或智慧。用推特促进职业发展的最流行的方式之一是推送行业相关文章或博客，甚至引发讨论。推特会自动缩短网址，使之融入推文。

标签

推特的一个特点是使用标签。在单词或短语中使用 # # 标签可将其转换成可搜索的链接。比如在推文中使用 #job#、#NYC#，可以找到纽约地区的招聘信息或者加入话题对话。点击 #careeradvice# 标签，则可以查看相关话题的推文。使用标签还能找到所在领域的思想领袖或加入行业对话。总而言之，标签可用于整理推文和参入推特流行对话。

推特个人简介

推特个人简介要比领英简单得多，只需填写以下基本信息即可。

● 用户名和生成网址（@name）

这是标识信息。

● 头像

可以使用领英上相同的照片。由于发送的每条推文都含有头像，请确保它在视觉上讨人喜欢。推广一项业务时可以用 logo 作为头像。

● 标题背景

相当于个人简介的广告牌，应使用精心挑选的照片或吸引眼球的图片。如果偏向保守，只用明亮颜色作为背景也可。还有很多网站免费提供背景图片的定制服务，也可以多加尝试。

● 个人简介

与领英相比，推特的个人简介更像个简短广告，可用来自我介绍。再多花点时间想想怎样宣传个人品牌，比如添加兴趣爱好和职业亮点等可选内容，以使个人简介更加个性化。另外，你还可以放上个人网站或博客链接。

来看看以下优秀的推特简介实例：

媒体战略家、内容顾问、频繁演讲者、西北大学研究生和专家小组成员。

以下实例简明地阐述了推特玩家的媒体战略家角色及其主

要专业领域：

我对科技、健康生活和学习新事物充满热情。

以下实例阐明了推特玩家的主要兴趣：

时尚设计师和纺织艺术家，设计独一无二、优雅无比的男女外套。

如果纠结于如何恰当地传达个人信息，请到简历或领英个人资料中寻找灵感。来看看一位客户如何将简历标题和摘要修改为推特简介：

- 研究型社会学家、高级社会科学与卫生政策研究员

简历摘要

擅长数据分析和研究，并将研究结果转化为热门、专业和政策导向性话题。熟练使用各种方式管理数据评估和改善无家可归及相关人群生活。

推特简介

无家可归者研究顾问、康复教授、社会学博士、政策专家和都市佬。

简历中的摘要是对个人经验的正式描述，所以其中包括一些重要关键词，如“数据分析”“数据集”和“无家可归”等。而推特个人简介则只简单介绍专业和教育背景，其中使用了几个非正式词语，如“政策专家”和“都市佬”。

使不使用推特

在确定推特是否有用前，先回顾下它的优点。首先，这对求职者来说比较有用。发布正式招聘广告前，招聘人员通常会先在推特上发布消息。其次，创建推特账户很简单，它能确保你实时收到工作信息。最后，推特能为企业主提供大量业务线索。要在职业游戏中保持领先，推特是让同事和领导了解你的好工具。

如果仍对使不使用推特有所犹豫，就看看你所在的领域谁玩得起劲，又有哪些热门话题。比如，搜索生物医学工程师，找到专业社团和相关推文，其中包括了行业创新、当前研究、工作机会和即将召开的会议。如果对这些内容主题感兴趣，认为值得了解，那就很有必要把推特放进社交媒体工具箱中。

脸书

脸书有近 20 亿的月活跃用户，无疑是全世界范围内最受欢迎的社交媒体。

人们通过脸书与家人和朋友联系、分享生活照片、交流经历、上传视频，并发表对政治和社会问题的看法。由于它太过强大，内向者务必注意个人资料等相关内容。猎头和雇主都能在脸书上看到你，不过可以设置特定信息对某些人不可见。调整账户隐私设置，你就可以轻松修改可见信息。

对迫切需要建立品牌、寻求产品和服务推广渠道的企业主来说，脸书实在太有帮助了。脸书允许发布活动和公司广告，而且用户可以直接在页面上购买产品。用户还可以点击“喜欢”按钮，轻松管理页面交互。

脸书公告板也是求职好去处，页面上有大量不同领域的职位资源，并按优劣程度对其进行排名。临时员工或者寻求兼职机会的求职者可关注相关公告板，里面主要发布多领域的远程办公、自由职业、兼职和弹性工作等内容。

脸书个人资料

开设脸书账户与推特或领英大同小异。到facebook.com注册，确认邮箱地址，然后填写一份简单的表格即可。注册成功后，一整套简单而合乎逻辑的步骤将引导你添加各类信息，包括毕业院校和公司名称等。

- 头像

尽管网站名为“脸书”，但其并不强制用户使用真实照片，所以随意选择图片作为头像也无妨。可以选择卡通人物或宠物等轻松的形象，也可以把自己喜欢的风景作为头像。脸书的隐私设置同样可以选择哪些人能看到你的发言和个人信息。不过，由于头像对所有人都是可见的，所以请确保它可以代表你的个性和生活方式。企业主也可以选择使用公司商标作为头像。

- 封面照片

脸书封面照片相当于大号的推特标题背景，它出现在头像上方。选用一张与个人资料比较契合的图片，可以增强个性色彩。

脸书好友：搜索联系人的方式

选定视觉布局后就可以邀请好友了。脸书会自动搜索电子邮件地址簿来提示好友，你也可以根据自身意愿添加和忽略一些。有三种方式可以找到好友，1. 点击高中或大学名称，寻找学生时代好友；2. 点击个人资料下方出现的同事和前同事，寻找职业好友；3. 点击家乡名称或加入区域社交圈，寻找地域好友。

虽然脸书的主要功能是社交，但说不定你的好友拥有宝贵的职业人脉，有可能为你带来新的职业机会或工作。

其他社交媒体

要是领英、推特和脸书还不够用，可以根据职业或个人兴趣考虑下博客。

博客

内向者往往要思考好久才会把自己的想法和主意记下来，没有必要违背本性去跟更健谈、更有行动力的外向者竞争。相反，充分利用敏锐的观察力和思维去写一个专注于行业的博客，把自己的才能和知识融于其中，可以更好地发挥自身优势。只要在熟悉的舒适空间里保持真实的自我，自然会有越来越多的读者，这也是一种温柔的社交方式。

开始写博客，可能有很多原因。你是所在领域的专家吗？想通过多种渠道建立事业吗？有什么职业话题是你感兴趣的？写博客可以增加曝光度，增长知识，宣传产品和服务。对于内向者来说，博客是一种理想的媒介，让你可以在不露面的情况下发出有力的声音。

无论你处于求职的哪个阶段，以下步骤都可以帮你开始自己的博客生涯。

- 确定目标读者

写博客的第一步是确定目标受众。与同事交谈或征求客户意见，找出行业普遍问题、挑战和趋势，这将帮助你确定未来的博文主题，确定让读者产生共鸣的内容。

- 起名

为博客选择一个与主题相关的名字，这样读者就能快速识别主题。定名前可以在网上搜索以排除重名问题。企业主或产品推销人员可以直接使用公司名称来吸引客户，许多公司和组织在官网上都会有博客链接。

- 上线

要让博客运行起来，就需要托管，可以让有博客的朋友和同事推荐下他们所使用的平台。

- 创建引人注目的设计

跟简历和领英资料一样，博客在视觉上应该有吸引力和存在感。在设计时要符合博客主题，不过简单设计往往是最好的。为了让读者感兴趣，也可以加入一些色彩或图形，在布局时注意留出图片空间。我的一个熟人最近开通了旅游博客，博客内容主要展示了欧洲各国的众多美图，优雅的标题和图片让人有身临其境的感觉。

- 发一篇博文告诉读者

发布第一篇博文前，想想目标读者数量大概多少以及怎样才能激发他们的兴趣。另外，务必使用读者熟悉的术语。

博客的 6 大好处

解决问题

读者需要寻找解决问题的实际方法，如果你在博客上能提出有效建议，他们会把你视为专家。如果主要目标是建立业务，那么需展示自家产品或服务如何解决典型问题或改善客户状况。帮助解决问题，无疑会吸引更多人访问你的博客。

建立圈子

对销售产品者而言，博客是一种与读者联系的独特方式。具体而言，博客既能吸引那些对产品感兴趣的人，也能吸引那些寻求专业知识的人。发布博文后读者可以评论，而回答评论中的问题并提出建议会让你成为这方面的权威人士。

随着博客圈子的发展和壮大，圈中人的评论代表了相当广泛的大众意见，相当于你是在跟潜在的客户直接互动。这种输入输出模式，可以发展成重要的在线关系。

推动流量

成功的博客能不断吸引新读者，像给种子施肥一样持续促进你的职业或事业发展。下列方法将有助于获得流量：

在推特、领英和其他相关社交媒体上分享博文。

用电子邮件向当前和潜在客户或相关专业团体群发博文。

向领英圈子或其他在线专业网络转发博文。

在电子邮件签名中附上博客链接。

在网站上添加博客链接。

在其他专业或商业博客上留言。

鼓起勇气给有行业影响力的领导者发送博文。

提供有价值的内容

体验博客当然是为了信息分享。读者在回复博文时通常会涉及自己感兴趣的话题，可能提出问题或者希望得到你的看法和建议。如果有许多人回应某篇博文，那就可以得出结论：这是一个众所关注的话题。仔细查看读者评论能让你得到启发并提出新的话题。这种反思式的互动会让读者保持专注，吸引更多志趣相投的人。哪怕企业博客也是如此，激发思考和创意的博文既能留住现有客户，又能吸引新的注意力。

保持读者联系

如果博文内容值得关注，就能在很大程度上留住读者。其中关键是迎合读者的需求，让他们能主动联系你。在博客上添加醒目标记，方便读者订阅，确保他们能即时收到博文。每个人都喜欢“免费”这个词，所以你还可以为读者提供白皮书或时事通讯等免费资料。

潜在认可或发现

博客就像一张寻求关注的网。要是猎头碰巧在推特或领英上看到了你的博文，可能会关注你（希望他们记得并在需要的时候联系你）。企业家的博文可能会吸引合伙人或投资者。此外，由于博客反映了你的专业经验和智慧，记者也可能会注意到，可能采访你。

博客为内向者提供了一个舒适的机会，让他们在所在领域或业务方面得到认可。虽然博客可能不会让你成为明星，但一些博主确实因为有价值的博文内容而被出版商找上门，并拥有了大量的追随者。最后，经常发布博文和评论别人，成为一名优秀的网络公民，这本身就是一种成功。

领英、推特还是脸书？噢，天哪

要想搞明白哪种社交媒体对职业发展最有利，你可能会一个头两个大。虽然想通过社交媒体取得最佳收获，但天生的内向性格可能仍会纠结于曝光度的问题。随着技术的持续发展和就业市场的起起伏伏，在线交流平台会以惊人的速度持续增长。不要被社交媒体吓倒，也没有理由退缩。领英和推特将帮你自信地与其他有才华的专业人士分享想法、经验和技能，脸书也为当今求职者提供了很多资源。

同时兼顾多个社交平台容易让人手忙脚乱。一些网站可下载用于多个社交媒体账户管理的应用软件，能将所有平台上的文章保存在一起。借助这些应用，在领英、脸书和推特上可以同时创建与发送内容。账户管理应用可以节省大量时间，而且多数是完全免费的。

决定策略的相关问题

了解职业目标对制定社交媒体发展策略至关重要。在使用社交媒体前先看看下面的问题，提前思考这些能缓解面对各种社交媒体平台时的困惑，把好钢用在刀刃上。明确目标后，你就可以制定出实现目标的最有效策略。

- 你的职业或商业目标是什么？

是寻找职位、拓展人脉、寻求合作关系，还是提升业务？

- 谁是你的目标受众？

想联系雇主、同事还是客户？

- 是什么使你成为所在领域的专家？

拥有特殊技能和才能吗？社交媒体平台要如何展示才能和提高知名度？

- 你希望遇到怎样的专业领域领导者？

在社交媒体上联系他们有助于事业成功吗？希望从行业专家那里了解所在领域的新趋势或创新点吗？

- 如何衡量是否达到了目标？

根据读者的数量和反应？获得新的业务线索？招聘人员或招聘主管给你新的机会？

设定现实目标

社交媒体会占用时间和精力，所以需要测试下哪些平台能为职业目标提供最大助力且不会占用很多时间。创建一个社交媒体时间表或者用图表列出阅读和发送文章、拓展社交圈和了解行业趋势的频率，谷歌日历等免费应用程序可用来设计社交媒体日程。

毫无疑问，社交媒体会让人上瘾，就像巴甫洛夫的狗对铃声的反应一样，一旦有新消息到来你就会觉得应立即回复。在社交媒体上保持活跃状态当然重要，但也要协调好工作和生活之间的平衡。

社交媒体是无法拒绝的社交工具，但当面交流也不可取代。在接下来的几章中，你将学习如何自信而有效地进行在线和当面交流。

5

与陌生人交谈

无论是通过电话还是当面交流，内向者与陌生人交谈时往往会感到僵硬，至少觉得交流不成功。在当今职场，人脉可以成就或毁掉职业生涯。最近调查显示，70%~80% 的求职者是通过某个重要人脉关系找到工作的。阿德勒集团创始人兼首席执行官卢·阿德勒在 2016 年进行的一项调查发现，3000 名参与者中有 85% 是通过社交关系直接获得工作的。

这个统计数据可能会让你觉得难以置信，不构建强大的社交网络就难以取得职业成功。化压力为动力吧，善于倾听、保持专注和提出问题的内向者一样可以把谈话变得很有意义。

可以用自己的方式，建立有效的人脉。有时你不得不走出舒适区挑战自己，以便有新的发展方向。但是只要保持放松的状态，让积极的内在力量引导你，社交也可以是一段通向机会的愉快旅程。

本章将提供一些具体步骤让你更加自如地处理人际关系，以便在社交时尽量减少潜在恐惧感。包括 6 步准备法在内的一系列方法和工具会帮你充分利用不同的社交环境，而排练则会帮你在走进房间前建立自信，30 秒的电梯演讲会让你在遇到联系人时知道该说些什么。借助内向的力量有条不紊地运用这些建议，你就可以把整个房间的人当作潜在盟友和有价值的职业人脉，而不只是陌生人。

计划性偶然事件

克虏伯的计划性偶发事件理论对职业发展很有帮助，这一理论认为，在偶然事件中采取主动可以把好奇心转化为探索和学习的机会。克虏伯认为，“运气不是偶然的”，对于感兴趣的事情随时准备采取实际行动，就能最大限度地创造和促进职业发展。换句话说，所谓职业方面的运气是指你对偶发事件有预案，能够以主动的心态面对意外。

苏珊娜的故事可以诠释这种“运气”，主动社交为她带来了令人惊喜的职业机会。当时她是一位正在寻找新职业机会的房地产开发公司高管。苏珊娜从小家境贫寒，她是家里第一个考上大学的人，而这段经历对她影响深远。教育和学习在苏珊娜的价值观列表中排名前列，因此她成功取得了常青藤盟校的学士和硕士学位。对学习的好奇心和热情，又让她考虑从私营企业转型到高等教育领域。她从一位在本地大学工作的密友那里得知了该校副校长的名字。

一系列电邮沟通后，苏珊娜得到了与副校长进行网络会议的交谈机会。她起初并未对此怀有太多想法，只是希望更多了解对方背景和大学院系情况。没想到的是，这位副校长刚到这所大学任职 8 个月，正在着手部门重组。在讨论过程中，苏珊娜展示出来的经验、技能和背景让这位副校长越来越感兴趣，最后提议让她来大学工作。简而言之，苏珊娜的些微期望居然收获了丰硕的果实。后来她不但被任命为副校长助理，还得到了机会与校方协商薪酬并自主选择工作内容。苏珊娜的好奇心促使她采取行动进行会面，并得到了理想的职业机会。这个过程与其说是出乎意料，不如说是题中应有之义。因为即便会面结果不太有利于或者说不直接有利于获得职位，但毕竟这个经历是真实存在的。谁又能知道与相关专业人士的接触会带来哪些潜在好处呢？说真的，值得一试。

社交益处

社交关系真的可以给你一根能召唤出职业机会的神奇魔杖。深入了解其作用后，你一定会觉得最好放弃保守的态度。事实上，不把社交当成一件繁重的苦差事才是最有效的，所以本章列出了一些具体步骤来帮你克服社交恐惧和直面各色机会。接下来，借助你天生的内向优势培养优雅而独特的人际关系，并充分利用以下社交技巧。

机会

社交活动或会面时的简单对话或许会成为你将来的生命线。深吸一口气进入职场的开放空间后，你会遇到各种职业层次的人。与同事或高层的关系能为你打开机会之门，也许有助于你找到一份工作，也许能让你得到一个让事业焕发生机的好主意。

最近，我在参加专业会议时遇到了一位同事。对方知道我正在写这本书，于是特意给我介绍了另一位作者。这位名叫汤姆的作者已经出版了一本以职业为主题的书。汤姆分享了他的出版经验，并慷慨地对本书提出了宝贵的建议。到现在我还跟汤姆保持着联系。类似这种偶然事件可能有结果，也可能没结果，但在此过程中我不仅获取了有用的知识，还得到了一位有价值的联系人。

另外，在建立社交关系时不要忽视看似不起眼和无关紧要的谈话。与新认识的人随便闲聊几句，说不定会为建立商业伙伴关系或积极合作创造条件。

能见度

接触新的专业人士时，可以与其分享工作信息并就行业挑战和趋势交换意见，让对方意识到你在这个领域的价值。如果有重要人物了解你的经验、成就和技能，你的声誉就有机会展开翅膀，这样的曝光度可能会让你被视为专业人士甚至所在领域的专家。

如果你是应届毕业生或打算重返职场，没人会指望你是专家级人物。不过社交关系仍然会给你自我展示的机会，甚至有助于你找到工作。

知识

遇到新同事或高层时，你要自然地谈论起工作和职业兴趣，并对行业新闻和趋势发表一些看法。交谈中，你可能会了解一些值得跟进或践行的项目。

社交好处

很多职位通常不会发布招聘广告，更不可能发布大量广告，它们隐藏在看不见的就业市场里。因此，在寻找理想工作时或想在职业生涯中取得进步时，一个联结众多人士的社交网络能帮你到达新的职业目的地。猎头会把你介绍给合适的人，也会让你了解更多其他的机会。

想象一下，雇主坐在办公桌前盯着一堆简历。每一份简历都体现了不同的个性和成就，都在尖叫着吸引雇主的注意力，你如何脱颖而出呢？唯有口碑能让你与众不同。如果一位本行业受人尊敬的同事或专家对你评价颇高，你受到关注的可能性就大幅提高了，那就相当于为你打开了一扇牢牢锁住的大门，甚至可能会帮你直接争取到面试的机会。想想社交关系中的那些重要人物，他们有能力帮你打开职业生涯的大门。

社交活动

找各种理由避免去大型社交场所是我承认自己是位内向者的重要原因。有时在参加社交活动的前夜，我会希望发生某些突发性事件而导致活动取消。早上起来几次深呼吸过后，穿上职业装，强迫自己出门，几乎抱着必死的心。不过几乎无一例外的是，每次活动结束后我都感到宽慰和惊喜。尽管我性格内向、焦虑重重，但社交活动提供了我与他人交往的机会，而且这些能够激励我继续前进。

参加社交活动并不会遭遇想象中的厄运，相反，我学到了很多有价值的东西并乐在其中。的确，用其他社交途径取代大型聚会也是可以的，但有时候深呼吸、冒次险，自信心就达到了更高的境界。当然，不要指望参加所有可能的社交活动，即使最有心的外向者也会因此筋疲力尽。每年参加几次社交活动是非常有益的，同时也可以多参加小范围会面，并适当使用社交媒体来提高效果。

准备上台表演

无论哪种人格类型在进入一间人声鼎沸的房间后都会像演员忘了台词一样偶尔僵住，内向者尤其如此。然而，如果内向者深刻了解自身优势，那么仅仅依靠这些天生优势他们也能自信地走到聚光灯下。所以他们需要利用善于思考的能力，准备好剧本大纲和关键台词，提前计划如何进入房间。这会减轻谈话的恐惧，将房间里的陌生人变成有价值的社交联系人。

利用好奇的天性

内向者在认识新朋友时喜欢刨根问底，他们经常会提出有见地的问题以吸引对方注意。不妨利用对职业的好奇心，写下一些能体现洞察力、激发对话和建立稳固关系的问题。写下或打印这些问题并牢记，这样在谈话中你的思维就不太可能偏离正轨或停滞不前。

把镜头对准自己一会儿。你想谈论哪些问题？谈论哪些话题能让你口若悬河？充满真理和正能量的内容会让其他人产生共鸣。这样，谈话不仅能更生动地展现经验和才华，而且话语中的正能量也会吸引别人积极参与进来。

内向者的本性会让你在刚开始时很温和，会更多提问，而不是自我呈现。但交谈是双向的，所以应该在适当的时候分享自己的职业经历。记住，交流可以导致真正的联系，而联系可以转变为促进职业发展的关系。希望下面这些社交问题实例能起到抛砖引玉的作用。

- 初级社交问题：

以前参加过这些活动吗？

在这个领域工作多久了？

你是如何开始职业生涯的？

- 打破僵局后的进阶社交问题：

是什么让你对这个领域感到兴奋？

你喜欢哪些社交媒体上的思想领袖？

你最喜欢的工作内容是什么？

你面临哪些重大挑战？

你在这个领域看到了哪些趋势？

我能帮你认识谁？（如果你以前参加过类似活动，并认识了几个人）

自我介绍

对话是双向的，内向者容易在回应时出问题。模式化的对话会显得很生硬，一些关键要点或短语还是很有帮助的。提前准备要点可以确保流畅地进行自我介绍。

“我是山姆·利多，我为思爱普公司设计软件。”以这种最直接的方式自我介绍当然不存在技术问题，但解释下自己所做的事情会让对方更感兴趣，也会让对方对你在组织中的地位有所了解。

自我介绍一般包括 4 类信息，我称之为 4 个关键。

你做什么？

你的工作有什么价值？

特定的兴趣或专长

职位名称与公司

来看看私人教练玛雅如何用 4 个关键加上几句台词来组织自我介绍的内容。

你做什么？——我激励人们过上最好的生活。

你的工作有什么价值？——我帮助客户识别生活中有意义的东西，并制定实现目标的策略。

特定的兴趣或专长——工作和生活的平衡以及如何应对压力。

职位名称与公司——我在 Dream Big 公司担任教练。

“你好，我是玛雅。我帮助人们确定目标，并为实现目标制定策略，激励人们过上最好的生活。我在 Dream Big 公司当教练，主要关注工作与生活的平衡和压力管理等问题。”

启动时间

哪怕最聪明能干的人在刚进入一个热聊房间时也会感到不安。如果你有同感，最好在活动开始前到达，这样就可以从一开始就参与聊天，而不是中途加入。

我通常在进入活动场所前先做几次深呼吸或者找个独处空间平静下心情。在内心先创造一种平静和幸福的感觉，然后优雅地进入让你有所畏惧的冲突环境中。进去后要早点开始对话，一个人待太久会让你感到不自在，打破僵局就会变得更难。

如果看到有人独自环顾房间面有犹豫之色，不妨走过去聊几句。自我介绍后开始聊职业话题，你很可能会松口气，并很快地发现你们有相似之处。当然，不是每次谈话都充满活力或者互惠互利。如果聊得不开心就礼貌地结束对话，离你只有几步之遥或许就有更聊得来的人。

建立融洽的关系

一种叫“呼应”的简单技巧可以提高谈话效率，它源于神经语言编程，是结合了神经学、语言和编程的沟通理论。呼应的关键是有意识地发现自己和谈话对象之间的相似点，可以先聊一些天气或会议环境这样的基本话题。随着谈话的进行，可以采用呼应技巧来寻找相似兴趣。在适当的时候，问问对方喜欢在业余时间做些什么，也许你们最近看了同一部电影或者都喜欢运动。在社交活动中，专业经验和知识的交流是主要目标，但也可以找其他方面的相同兴趣来增进和谐。请注意，无论在多人场合（社交活动）还是单独会面，这种技巧对于建立融洽的关系都是有效的。

让社交活动起作用

记住，社交活动不是马拉松，不需要待到最后一刻才离开。明白了这一点就不会头脑发热，感觉自己完成了任务就可以离开了。一般而言，内向者参加活动约 2 小时就会觉得无话可说。这很正常，但这段时间已经足够建立必要的联系了。社交能量既然消耗殆尽，当然应该走人了。

另外，中途稍作休息并不意味着放弃目标。在活动期间休息一下，出去走走，呼吸下新鲜空气，或者在安静之处坐上几分钟，试试哪种方式对你更有用。

挥舞旗帜

内向者在初次会面时一般倾向于提问，而不是表达。这种方式在某些时候是可行的，但要建立信任和深入交往并形成有意义的关系，就必须多展示自己。比如分享参与项目的热情，再比如客观提及对方感兴趣甚至留下深刻印象的自身成就。

内向者可能会觉得分享想法和知识比展现自己要容易些。但在崇尚外向的职场中，参加社交活动前最好准备两项自己最近的成果并在相关对话中提及。这样能使对话更深入，也能让你成为焦点。不要觉得自己不够格，也别认为自己至今所取得的成就都是平庸的。

你会不会担心自己在不经意间吹牛呢？“我是世界上最好的筹款人”这种以自我为中心的说法当然是吹牛，但像“通过威廉基金会和个人捐款，我最近为一个新的奖学金项目筹集了 30 万美元”这样的表述最多只能算自我推销，两者有着天壤之别。

跟进

社交活动结束后务必跟进新识的联系人，以下是一些保持联系的方法。

- 交流信息

在社交活动中交换名片，邀请那些看上去消息最灵通、反应最快的人士通过领英与你联系。不要只用领英的默认邀请，"我想加入你的领英网络"，略有人情味一点，"很高兴最近在 AFTC 的社交活动上认识你。希望能与你保持联系，继续聊聊使用 Salesforce 的心得"。

- 见面吃午餐或喝咖啡

邀请联系人共进午餐或喝咖啡是继续话题和跟进社交关系的一种方式。面谈可以让你认真倾听并深入了解对方的背景、经验和知识。这种简单的主动邀请方式可以培养促进职业发展的关系，哪怕你现在用不着这层关系，将来也许用得到。

- 加强社交关系

与领域中的领导者交谈后可以发一封电子邮件来加强联系，这种额外的私人接触可能会产生一定的黏性，有助于保持联系。

- 组建团队

参加职业协会组织的社交活动越多，你会结识越多的同事。为什么不为自己组建个支持团队呢？我本人也是费城职业协会的积极成员，多年来在那里建立了许多有益的关系。

其他社交提示

- 志愿者

大型社交活动的策划者通常会寻找志愿者来帮忙处理各种细节。去当志愿者可以让你一开始以较低强度参与社交活动。熟悉了方向、环境之后，焦虑感会明显减少。同样，你也可以去职业协会或工作目标团体委员会当志愿者。在一些特别的计划和项目中，你可以学到很多知识和技能，也会更深刻地理解自己的才能和兴趣，同时还能建立牢固的社团关系。

- 设定现实的期望

对社交活动要抱有正常的期待值。即使只是参与了一段生动、愉快的对话或加深了对某个行业问题的理解，你仍然可以认为这样的经历是成功的。

- 评估结果

用谷歌分析工具仔细评估活动价值。抛开自尊和敏感，也不要对自己过于严苛。多看看积极的结果，了解哪些方面自己做得很正确，并于下次改进不足之处。在整个过程中要时刻记住，社交活动并不是围绕你一个人进行的。你也要为团体做出贡献，努力分享建议和知识，让同事们更多了解你。

单独会面

内向者常对主动接触社交联系人感到忧虑。即使之前已经接触过，还是会担心对方太忙没有时间交流，或者担心见了面不知道说什么好，但这些挫败的想法是可以克服的。

单独面谈是了解更多信息的理想方式，能够从经验丰富的专业人士那里得到很多有益的建议。社交会面能为你打开一扇门，你将更加了解行业发展的趋势以及最新的就业机会。更妙的是，它为你提供了一个在非正式场合提升专业知识、工作技能的机会。

与参加社交活动一样，应该在单独会面前有所准备。专注于自身的目标：希望从联系人身上学到什么？打算分享自己的经历和职业目标吗？联系人能给你提供什么建议来促进职业发展或者找到一份新工作？准备好这些基本问题，你就能在单独会面的社交中有所收获。

社交成功的 6 个步骤

研究

拿出放大镜像侦探一样追踪线索，这样能更加深入地了解职场达人的发展历史和职业生涯亮点，描绘出他们的职业道路。可以查看联系人的领英个人资料，也可以使用谷歌查阅他最近引用或发表的文章，还可以看看他获得过哪类荣誉或奖项以及是否在领域中因创新而闻名。

与人会面前可以搜索其个人信息，这会给对方留下深刻的印象。

请求会面

发一封简明易懂的电子邮件——当然不要超过 1 页——解释写信的缘由和是怎么知道对方的，并简要介绍下自己。在邮件结尾请求联系，无论面谈、电话还是 Skype。如果对方同意共进午餐或喝咖啡，记得主动付钱。

会面请求示例

要有耐心。你的联系人可能正在出差，也可能正忙于一个快要截止的复杂项目。如果 2 周内没有收到回复，可以发送跟进信，确认联系人是否很忙，并再次表达希望尽快联系的愿望。通常第二封邮件会得到回复，但如果一直没收到回复也不要气馁，继续发邮件给其他联系人。

提问

如果联系人同意会面并定下了时间，那就要精心准备些行业问题，同时也要准备点有助于实现自身职业目标的问题。提前想好问题，就不会出现尴尬的局面。做些笔记，把问题记下来，并在会面时提出是不会错的。精心准备只会给联系人留下深刻的印象。

握手寒暄之后，你应该把注意力直接放在联系人身上。从下面列表中选择一些与联系人职业经历相关的问题，问完这些问题后，还可以继续问一些更专业的内容以获得该领域的最新动态。如果有成为企业家的雄心，还可以从下方列表中选择一些创业方面的问题。

社交问题示例

- 联系人的经验和背景

你是如何决定进入这个领域的？

你最喜欢的工作内容是什么？

你最不喜欢的工作内容是什么？

你工作的主要挑战是什么？

如果你的工作突然没了，还能做什么其他工作？

你如何平衡工作和个人生活？

- 特定行业 / 工作

该领域需要什么样的经验和学历？

最重要的技能是什么？

什么样的个性特征能最终取得成功？

一个典型的工作日是怎样的？

你认为这个领域目前的趋势是什么？

一周中你能在家工作几天？或者你有弹性工作时间表吗？

一般员工在贵公司工作多长时间？

这是一种可以变成自由职业的工作吗？

当你面试一位求职者时，真正想知道的是什么？

- 企业家 / 创业

你的生意理念是怎样产生的？

你面临的主要挑战是什么？

你从失败中学到了什么？

如何建立成功的客户群？

如何推销生意？

你认为企业家要成功所需的最高技能是什么？

你会给在初创公司工作的人什么建议？

你会给想成为企业家的人什么建议？

担任主角

30 秒电梯演讲——主要针对猎头或雇主的自我推销——已成为自我推销的一种常用方式。然而，电梯有时候会出现“故障”，而且人们大多不喜欢在电梯里聊天，所以推荐使用我开发的 SAVVI 公式向社交联系人展示自己。这一过程从 30 秒到 1 分钟不等，但涵盖了职业生涯的核心内容。

概要（synopsis）：职业和教育概要，即迄今为止你的职业生涯履历以及教育、培训和证书等资历。

成就（accomplishments）：可以从之前的练习中选取一两个成就。

价值（value）：特定的技能和能力，展示你自身的价值。

美德（virtue）：如热情、专注力和创造性等个人素质。

你的兴趣（your interests）：希望从这个领域或行业学到什么。

告别语

会面半小时后应问问联系人是否还有其他事，以确保不占用他宝贵的时间。如果关系已经很融洽了，会面也十分顺利，可以在快结束时请联系人推荐值得会面的其他专业人士。另外，还可以请对方推荐值得参加的专业协会。最后，即便可能无法回报对方，也一定问问自己能帮些什么。当然，还要再次告知对方，这次会面让你受益匪浅。

跟进

写一封简短而真诚的感谢信，对联系人在百忙之中抽出时间与你会面表示谢意，在信中应具体说明你在何时学到了哪些特别有用的东西。发送电子邮件当然是常规动作，也可以考虑优雅的手写信件，只要对方看得清楚即可。

远程社交

不要因为地理位置相距遥远而忽视潜在的社交机会。这是个广阔的世界，你会发现很多信息和建议往往来自远方。社交软件可以轻松缩短你和联系人之间的距离，所以开放些，不要把社交关系局限在自家院子里。

电话

内向者更喜欢一对一面谈。与陌生人或不熟悉的人电话交流时，内向者容易感到尴尬和不舒服。不过，这不应该是拒绝远程社交的借口。与当面社交一样，提前做好准备可以缓解不适。

事实上，网络电话会面有其独特优势。在拿起电话前，把所有道具放在面前以代替内向者所依赖的视觉线索：SAVVI 台词、相关问题以及与联系人有关的研究笔记等。电话会面的另一个好处在于，让那些整天忙碌的联系人可以提前安排时间。

Skype/FaceTime

最基本的准备工作是提前测试，确保科技是友善的（而不是恼人的）。给手机充好电，并确保信号畅通，检查电脑在网络条件下是否正常工作。在家使用 Skype 或 FaceTime 软件则需要选择光线充足、背景整洁的房间。此外还需要习惯经常出现的技术问题，比如对话延迟或时间间隔。这是很正常的，保持耐心就好。不必试图填补沉默时间，那只会让你感到紧张和困惑。最后一点很重要，穿得体面些。

找到联系人

观察敏锐的话，你应该明白要在当今汹涌的职业大潮中生存，必须培养好职业关系。你可能会因为人脉有限而陷入困境，但不要绝望，随便什么时候开始建立社交网络都来得及。

朋友、邻居和亲戚

身边的人都有各种社会关系，能让你接触到有帮助的专业人士，其中少数更是会成为有用的职业联系人。几年前，我在社区聚会上遇到一个刚搬来的年轻人。他本是名摄像师，被解雇后正在找新工作。我想到了自己的朋友马克，一家大型电影和视频公司的制片人。不久，马克与我的这位新邻居进行了一次会面，分享了很有价值的信息并提供了不少资源给他。

职业协会

此类协会旨在促进行业的发展并教育大众。许多国家级协会都设有地方分会，负责赞助演讲者，也经常举办活动。不同领域的人们通过这些协会相互联系。协会成员的联系信息经常会公布在官网上，可以试着发封电子邮件，或许能找到一个新的社交联系人。

校友网络

许多大学和学院会定期寻找一些成功的校友为在校生或其他校友提供职业建议。这些校友往往来自很多不同的领域和行业，可以提供有用的职业建议和资源支持。你可以联系就业服务办公室，来使用这个资源丰富的社交网络。

领英

你要善于利用领英的杠杆作用。你的联系人（一级联系人）资料中可以看到二级联系人列表，如果发现二级联系人能够提供目标行业或领域信息，可以向一级联系人询问相关情况。

还可以在领英上加入大学和学院建立的校友组织。简而言之，这是发现动态职业联系人的一个重要资源。

通过角色扮演克服社交焦虑

如果仍纠结于别人的看法，不妨和值得信赖的朋友、亲戚或同事进行角色扮演，这可能会让你对自己有更清晰的认识。哪怕最有经验的演员也需要通过排练来调整表演环节，有理由认为这种方式有助于提高社交能力。

首先，让搭档在一个空的房间等你。以首次见面的方式进入房间，握手并使用本章的技巧进行自我介绍。先轻松闲聊或提问几句，然后开始对话。可以请搭档在以下三种不同场景下进行角色扮演。

场景 1

自我介绍后让搭档扮演一个喋喋不休的人。然后在对话中找到合适的空隙，插入话题，比如，“我拜访客户时也遇到了同样的挑战”。

场景 2

让搭档继续扮演喋喋不休的角色，持续天花乱坠地说下去，完全不顾及你。找个委婉的借口离开，比如“很高兴见到你，我想在活动结束前和其他人也聊聊”。

场景 3

这次让搭档扮演一个安静的角色，经常沉默，偶尔简单地回复你几句。在这种情况下，你可以利用对内向人格的了解来唤起这位内向者的热情，可以试着用“你最喜欢的工作内容是什么”之类的问题来引导。

与其在排练中感到尴尬，不如让自己沉浸在角色中，把它看作一种培养谈话技巧的愉快方式。

认知行为疗法

应该知道担心只会起到反作用。如果总是把事情往最坏处想，乌云就会遮住你对未来的憧憬，焦虑也会立马产生。简而言之，非理性的情绪、自我挫败的想法以及对缺陷的自我责备都会起到负面影响，并不可避免地引导你的行为。虽然不能准确预测未来利弊，但在某种程度上控制想法还是可行的。

认知行为疗法被认为是一种可靠的技术，能帮助人们正确看待消极想法，同时促进积极想法的形成。认知行为疗法的基本理念是思想影响感觉。它认为并不是周围的外部环境或事件决定了我们的感觉，相反，感觉会受到我们对形势或事件看法的影响。所以，如果你一想到社交场合，马上担心“如果我说了一些愚蠢的话怎么办”或者“可能没人愿意跟我说话”，那就可以使用认知行为疗法。首先，质疑负面想法，以此来直面消极情绪。然后，用积极的肯定去取代消极的想法。

这种正面的自我催眠听似简单，但在某种程度上说，你是怎样的人取决于你如何看待自己。思想就像一台强大的机器，可以建立或摧毁形象。而既然陷入自我毁灭是危险的，那就得站在积极的角度思考问题。长期否认优点和贬低技能，会成为一种危险的消极习惯。当然，和所有其他习惯一样，重建和再训练思维的过程是需要时间和实践的。

创造性想象——想象的力量

创造性想象是一个有效的认知过程，可以利用心理意象来增强自尊心和人际交往能力。在社交活动或会面前夕，对于内向者来说，很熟悉的焦虑就会开始蔓延。为了消除这种日益增长的不安，可以尝试并不费时的创造性想象练习（包括单独场景和团体场景）并准备台词。想象这些画面的情形，就好像你正在看着这些积极结果的发生，这种体验会对潜意识产生强大的影响。

创造性想象练习

想象自己充满自信地走进一个房间，神态镇定自若。这个房间和里面的人对你来说都很陌生。看到有人孤零零地站在角落，你走过去，伸出手，善意微笑。自我介绍后，你用轻松的开场白打破了僵局。你很快会发现，对方对你所在的组织很熟悉，还认识你的一位同事。谈及工作、生活以及当前的行业趋势时，对话流畅了起来。为了表达有幸会面的感激之情，你们交换了名片，并约定在不久的将来一起吃午饭或喝咖啡。

这段经历帮你建立了自信并保持了积极的势头，你走近正在热烈讨论的一群人，在合适的时候进行了自我介绍。谈话中你提出了一些问题，并表现出了浓厚的兴趣，也评论了别人的话题。这群人中有一位是非常受人尊敬的专业人士，他对你处理问题的方式很感兴趣，想进一步了解你的实践经验。交换联系方式后，你又去结识房间里其他专业人士了。觉得有点累了，你优雅地离开，在你不断壮大的社交网络中又增加了新的职业联系人。

进入状态

行动往往会产生更多积极的成果。当然，这不是说参加社交活动前必须兴奋，也不是说在见新联系人前必须热身。回想一下，或许你也有非常害怕参加聚会的时候，但是到了那里之后，你惊喜地发现其实自己挺喜欢和别人在一起，这样的经历可能会让你选择更主动地参与交谈。

6

站到舞台中央：面试

一般认为内向者在面试中往往表现不好，事实并非如此。内向者善于倾听的能力，可以让对方得以自由表达，这一点在面试中是十分有利的。

内向者可能并不善于伶牙俐齿地宣传自己，也可能很难完整地回答问题，甚至在宣扬个人成就时会显得不够果决，但这些挑战不是无法克服的。提前做好计划并建立自信，这种不确定性完全可以转变成一场成功的面试。

在面试的聚光灯下感到焦虑是普遍现象，没人会感到完全自在。招聘主管可能会赞许或否定你的表现，所以对自己能力感到紧张十分正常。记住，要用自然而吸引人的方式讲述职业故事，突出职业成就，让雇主看到你的优点。

内向者可能会因为说的不够多而导致面试失败，也可能会因为对私人问题感到恐慌而导致面试失败。在本章中，你将会学到一些面试的准备技巧，比如怎样选择和强调项目及成果，尤其是那些展示问题解决能力和创新能力的项目。我也会帮你，让你大胆而果决地处理私人问题。你将学习如何处理典型的内向恐惧，比如面试官说得太多或太少该怎么办，如何从糟糕的面试经历中恢复过来。我还会在本章中提供一些应对电话面试的具体技巧。最后，我们将看一些内向者的真实故事，他们使用本章中的方法在面试中取得了成功。

准备工作：奠定基础

首先讨论面试前的关键时期，也就是准备阶段。这个阶段主要是回顾自身素质（即让你脱颖而出的经验和技能亮点）以及如何从个人角度来描述自己（即“你哪些方面可以得分”）。同时，你需要研究雇主，如果可能的话，还包括面试官。对问题类型有所准备后，我将提出问答环节经常涉及的问题以及如何利用它们来讲述你的故事。此外，我还将讨论提前练习面试技巧的方法。

雇主真正在寻找什么？

除了履历和资格等明显要求外，雇主在员工身上到底寻找的是什么。受凯业必达公司委托，哈里斯民意调查开展了一项全国性调查，对象包括各行各业的 2138 名招聘主管和人力资源专家，内容是雇主最看重的求职者技能和素质是什么。调查发现，77% 的人认为软技能（人格特质以及与他人的联系和互动）和硬技能一样重要。这些软技能包括：强烈的职业道德、压力下良好工作的能力、有效的沟通能力以及一些正面的个人素质。2014 年领英做的雇主调查也同样显示这些软技能是可取的，同时还强调了文化契合度、创新思维、表达能力和主动性。

在面试中没人期望你变身超人，拯救组织。但你需要准备好高质量工作的实例，因为这些将反映一些平常但令人印象深刻的软技能。

回顾简历和领英个人资料

准备面试的起点是回顾过往的工作。雇主很可能会根据你的简历和领英资料来提问，所以其中列出的内容很重要。你可能早已忘记 5 年前工作的具体细节，但面试官或许对这些很感兴趣，因此要仔细回顾一下过往工作经历，回顾时要把工作描述和相关项目成就结合起来。

下面的调查问卷旨在帮你深入挖掘过往经历，并从中找出证明能力和知识的实例，这些也是面试官可能感兴趣的领域。完成这份问卷的回报很超值，你将会知道在面试中该说些什么。

- 你目前或最近工作的主要任务和职责是什么？

如果目前待业，请使用最近的工作经验。应届毕业生可以从实习和组织活动中提炼内容。

- 你最得意的工作成就 / 结果是什么？

毫无疑问，在以前的章节中你应该已经知道成就是最重要的，列出一些针对目标雇主和能突出自身软技能的成就。

- 你在工作中遇到的问题和障碍是什么？如何解决的？

此处并不必须是严重的问题和障碍，像客户投诉、进度过慢导致超期、技术问题和演讲人缺席等情况都可以。

- 你开发和/或强化了哪些技能和能力？

可以从自我评估表或简历中照搬，但也要考虑雇主感兴趣的其他具体技能。也可以列出有助于建立技能的课程或培训。

- 你从过往经历中对自己有哪些了解？

想想职业生涯中哪些时刻获得了与工作相关的自我洞察力。

- 什么让你对自己的行业和领域感到兴奋？

想想职业对你有什么吸引力。

- 你感兴趣的当前热门话题是什么？

找一些在面试中可以谈的趋势，展示你对尖端技术或创新理念的了解。

- 你在工作中做出了哪些重要决定？

可以写一些实例，比如为什么换工作或通过大数据做出的相关决策。

- 你如何与不好相处的人打交道？

想想与同事、主管、董事会成员或客户打交道过程中遇到的挑战以及解决之道。应届毕业生可以想想同学间的例子。

- 你是如何在团队或小组中工作的？

想想曾担任的典型角色，如领导者、调解人、组织者和委托人等，这些角色是如何形成和发展的。

- 你如何处理工作中的逆境？

逆境的处理比琐碎的日常工作更重要，包括士气问题、公司或组织的变动和薪水或福利的减少等。

示例回答：图书馆员艾伦

希望升职到管理岗位的图书管理员艾伦成功地回答了一个典型的面试问题。

- 哪些资历会让你在这个职位上取得成功？

我在德雷克塞尔大学攻读研究生学位时就开始了图书馆的职业生涯。毕业后，我在马里兰大学的商业图书馆工作，主要负责培训实习生和优化图书流通程序。参加专业会议和学习马里兰大学的技术课程后，我感觉自己知识增长了。我有了项目管理、建立工作关系和技术这三方面的能力，这让我能够胜任流通主管的职位。

因为艾伦花时间仔细回顾过自己的背景和成就，所以毫无困难地回答了这个问题。艾伦对自己的教育背景相当自信，而工作中的两个成功实例（指导实习生和优化图书流通程序）则反映了领导力、取得成果的能力以及与他人分享知识的意愿。此外，他还强调了自身的专业发展（会议和技术课程），让雇主知道自己对所在领域的奉献和投入。

回顾你的不同之处

现在该谈谈另一个重要面试话题了：你有什么与众不同之处？面试官会不可避免地提出一些问题来试图揭示你的真实情况，尤其是个人特质。对内向者来说，私人问题往往是最大的挑战。这并不是因为你不善于谈论自己，而是倾向于保密。

不过，不要让雇主错误地认识你。在成为热门人选之前，要先花时间列出问卷中的相关答案。

- 用 3 个或以上形容词描述自己。

从第 2 章的自我评估列表中选取或列出想到的内容。

- 同事和朋友怎么形容你？

向朋友或同事询问一些可能用来形容你的短语或形容词。

- 是什么激发了你的工作热情？

设想自己是船长，正在指挥前行。

- 如何处理压力？

压力是个魔鬼，它会在你最需要集中精力和最需要表现能力时出来捣乱。锻炼身体或寻求朋友的鼓励，是应对压力的积极方法。

- 有什么特别值得骄傲的个人成就吗？

可以列出工作以外任何让自己觉得讨论起来毫不费力的实例，跑马拉松、一个月读一本书、帮助年迈的亲戚、克服个人挑战或者一次难忘的志愿者经历等，都是个人成就的例子。

- 优点是什么？

可以从工作经验问卷中借鉴一些基于技能的实例，但要偏重于个人素质，比如有创造力、善于思考、平易近人或有幽默感等。

- 弱点是什么？

好吧，没人喜欢这个，有些方面可能会吓到面试官或让自己出局，比如“我是一个拖延症患者”。你可能确实是个拖延症患者，但你不会想让雇主知道这一点。选择一个让雇主觉得真实但容易理解的缺点，然后把重点放在你已经改进或正在改进这一缺点上。不要说套话，诚实说出自己的缺点，雇主只是想知道你是否意识到自己的缺点并积极采取改善措施。

- 将来的目标是什么？

没人拥有水晶球，也没人能够预测将来的事。但是，试着塑造一个职业生涯愿景，说明自己希望在人生道路上怎样进一步发展——想想那些与提升职位、发展技能和/或培养能力有关的实例。

- 如何处理冲突？

这里的实例可以包括工作项目挑战或与同事、主管或客户发生的人际冲突。

- 对一个组织有什么想法或倡议？

你有机会针对这个问题展示自身的创造性思维，并想出一些实例展示你在哪里开创了新颖的想法、设计了有效的技术或建立了精心策划的项目。

- 业余兴趣和爱好是什么？

一个好员工除了严格符合岗位描述外，还应有很多其他优点。面试官有时会问你空闲时间喜欢做什么，或者讨论你最近读过的一本书。

安德里亚：示例回答

安德里亚是家大公司的律师，她成功地平衡了自身的内向性格和公司的外向需求。她正在申请法律顾问的职位，作为求职策略的一部分，安德里亚希望提高面试技巧。她对回答有关教育和工作经验的问题感到自信，但对更私人的问题感到焦虑。安德里亚曾将公开演讲列为希望改进的领域之一，而这点恰好可以回答那个可怕的问题——“你的缺点是什么？”由于事先已经思考周详，安德里亚可以十分镇静地给出答案。

- 你的缺点是什么？

我不擅长公开演讲，但过去几年我都在公司委员会担任领导角色，所以现在我对发表演讲感到更自在了。最近，我受邀在本地律师协会主持一场研讨会，尽管在演讲前感到一些焦虑，最终还是受到了听众的欢迎。

安德里亚并没有试图掩饰缺点，而是直截了当地说出并强调了自己的缺点，任何人都会觉得这很正常，甚至是值得钦佩的。安德里亚把自己塑造成了一个自主、勇敢和有正念的人，积极应对挑战并采取行动寻找解决方案。

雇主研究：值得了解

在忙着为回答问题而烦恼时，也不要忘记充分研究目标雇主。研究结果将明确为什么你对这家公司感兴趣以及为什么它适合你。这种研究不但会让你有策略地展示自己如何为公司做贡献，而且能帮你对面试官提出问题。

在回答中涉及一些对公司的研究会让面试官印象深刻。比如一个典型的面试问题是："你为什么对我们公司感兴趣？"下面的回答可以充分说明你花了时间仔细研究公司：

我在网站上注意到贵公司正在扩展人工智能领域，而且研究时发现《计算机世界》将贵公司列为该领域的顶级创新者之一。我希望在人工智能的前沿公司工作，凭借技术能力、创造思维和解决问题的能力，我相信自己有一个充满希望的未来。

在当今的快节奏职场中，主动是一种很受欢迎的品质，而以上回答表明面试者付出了很多额外的努力。

需要了解雇主哪些方面

- 产品还是服务

公司提供的产品或服务是什么？

公司在专业领域或产品方面有什么特别之处？

如果是非营利组织，它的使命或哲学是什么？

公司或组织如何创新？

- 规模和成长

公司有多少员工？

过去5年公司规模有什么变化？

公司有多少客户？

公司有多少办公场所和部门？

公司是否雇用临时工人，在总雇员中占比多少？

董事会有哪些成员？

技术对公司未来的影响是好是坏？

- 竞争

谁是公司的竞争对手？

公司的声誉如何？

- 文化

公司的管理结构是怎样的？

公司提供服务或做生意的理念是什么？

公司有多少女性处于领导岗位？

公司如何使用社交媒体？

- 财务健康

公司的资金来源是什么？

公司的资产和收益是多少？

公司过去几年利润是上升的还是下降的？（对于非营利组织，可在年度报告、当前预算和资金来源中寻找答案）

公司是私有的还是公有的？

根据行业差异，可能还有其他问题需要深入探讨，但以上这些是需要首先关注的。

有大量在线资源可以提供信息帮助你研究公司，并回答这些关于雇主的问题。深入研究后你的自信可以得到加强，对面试中可能遇到的问题也能了解更多。如果找不到一些问题的答案，可以在面试中提出一个自己考虑过的问题。面试官很可能会欣赏一个聪明的问题，并引发一场热烈的对话。

- 公司网站

了解公司文化的最好去处是公司网站。网站的设计和布局是否合理？公司的形象是否正面？产品有没有清晰的解释？研究公司网站时最应该关注的是实际问题，比如公司产品的营销力度，还可以看看网站上有没有高级团队成员的名单及其简介，了解下公司实控人的履历背景。

- 博客

阅读公司博客也是感受其企业文化的一种良好方式。如果组织网站中有博客链接，可以去查看下更多的信息。

● 公司评论

很多职业网站有匿名员工的评论，可以反映公司的真实情况。除员工评论外，这些网站还提供公司规模、薪水和福利等信息。若想要深入挖掘信息，这些都是可以使用的额外工具。

● 社交媒体

公司是否利用社交媒体向公众宣传产品，是否及时更新内容以吸引读者？一家公司在这方面的投入显示出对营销活动的重视程度。

● 内部人士

很多时候熟人会有很大的帮助。如果认识公司内部的人，就能实时了解公司的内部运作和员工的相关待遇。没有谁能比内部人士更了解一个公司的非正式运作、优缺点以及工作与生活的平衡方式了。如果你要去工作的部门与这位内部人士碰巧相同，也可以询问下部门主管的招聘期望。在面试前了解主管的风格和个性并确定他们对员工的期望，这是非常难得的。

法官和陪审团：谁是你的面试官？

人力资源或招聘主管通常会在面试前告诉你面试官的姓名，由直接上司来单独面试也是可能的。如今的面试一般包含一位人力资源、一位主管和两三位员工，有时甚至是整个团队集体面试。了解面试官可以采用相同的办法，查看领英个人资料、搜索媒体报道、浏览个人社交媒体。

也许你和一位或多位面试官有很多共同之处。如前所述，随着面试的深入，寻找机会展示自己对公司的兴趣和了解。

撰写答案：用问答法讲述你的故事

完成自己职业生涯和雇主情况调查后，需把注意力转移到问答环节。记住，你是在竞争。任何竞争激烈的比赛都需要热身、练习，并做好全方位的身心准备，以确保最终赢得金牌——就求职而言，就是得到这份工作。

用故事形式回答问题是一种常用的方式。故事需要有吸引力，体现自己的专业能干、讨人喜欢和平易近人，让面试官印象深刻。

面试问题的 3 种类型

不要试图预测可能被问到的具体问题，但可以先熟悉主要的问题类型，然后学习回答问题的相关技巧。

职业背景与个人履历

工作经历、职业目标和教育背景等相关问题往往是回答起来最直接和流利的。毫无疑问，这些问题也是最容易准备的：

你为什么想要这份工作？

你从过去的工作中学到了什么？

我们为什么要雇用你？

你为什么会读法学院？

虽然容易回答，但如果漏掉了面试官非常想知道的信息，就可能会在竞争激烈的面试中失分。为了确保客户在回答时不遗漏重要信息，我开发了 SMART 公式：

情景（situation）：情景或情景的例子。

动机（motivation）：你回答问题的目标。

行为（action）：你做了什么。

结果（results）：结果如何。

改变（transformation）：什么技能或知识有助于改变结果。

爱德华多：示例回答

爱德华多是位内向的 IT 高级经理，他每次面试后都会强烈怀疑面试官并没有真正了解自己。在一次模拟面试时，我问了爱德华多一个典型问题，“我为什么要聘用你？”他的回答如下：

我善于解决问题，在 IT 和过程解决方面经验丰富。我也具备团队领导和管理的能力。在职业生涯中，我承担了很多有挑战性的项目，并成功地提高了系统效率。

虽然这个回答不算很差，却没有提供任何证据表明他确实擅长解决问题或提高系统效率。在讨论时我很清楚地发现，爱德华多避开了一些重大的成就和技能，也没有表现出行业洞察力。

爱德华多用 SMART 改进了答案：

我具备这个职位所需的资格和履历，但不仅限于此。贵公司认为在技术变革的快节奏中保持领先是很有必要的。我在之前的工作中带领着 20 人的团队，开发并完成了一个改进控制程序的模型，每年节省了 9000 多小时的工作时间，并在全公司推广、应用。我解决问题和实现过程解决方案的技能可以帮助贵组织保持领先的地位。

爱德华多根据职位描述事先了解了公司在技术方面的关键挑战，回答问题时提及了这方面的内容。他还进一步展示了专业成就和技能，突出了一个具体成果，并告知对方自己如何用知识和技能来应用成果。

行为 / 情景

这类问题往往会引起神经紧张。面试官通常会以“告诉我时间”或“给我举个例子”开头，让你反思过去的冲突或挑战。放松点，面试官不是为了让你紧张或设置障碍。你描述解决问题的步骤会让面试官知道你会在未来工作中保持镇定、冷静和敏锐。

行为 / 情景问题的可能实例：

告诉我你什么时候失败过。

举个实例说明你在工作中很有创造力，这个实例哪方面是令人兴奋或充满挑战的？

给我举个和同事发生冲突的例子。

如果没有准备好回答这类问题，你可能会僵住或失误。而STAR 法可以帮助你轻松地回答此类问题。

情景（situation）：情景设置的背景信息。

任务（task）：你的责任。

行为（action）：为了完成目标实际做的事情。

结果（results）：解决了问题或是提出了创新建议。

示例：利亚回答

利亚是一位成功的活动策划人，并准备寻找新的机会，但她有一种挥之不去的感觉，认为总没有在面试中表现出最好的一面。她知道只有以最好的姿态展现自己才能增强就业市场的竞争力，可是不知道如何从过往汲取经验，并以较好的方式组织面试问题的回答。由于她对回答行为性问题表现得很焦虑，所以我介绍了 STAR 法。

利亚之前就职于一家公司，负责大型会议和活动的组织、策划和执行。这类工作很容易出现各种问题，所以我请利亚回想一些出问题的情况。她提供了一个成功解决问题的实例，解决过程展示了其个人的专业素质，并证明她能够从有挑战性的经历中学习和成长。

利亚第一次全权负责活动是在北加州查尔斯顿举行的一场大型专业会议。会议开幕当天她接到了该组织会议主席的一个电话，情况令人发疯——投影仪出了故障，而主题演讲马上就要开始了。针对典型行为问题“你能举一个在工作中处理困难情况的实例吗”，利亚用 STAR 法进行回答：

我当时在查尔斯顿的万豪酒店主持有生以来第一个大型活动。会议前一晚到达后，一切似乎都已就绪。没想到第二天早上我接到了会议主席愤怒的电话，声音是那么高亢，我几乎听不清她在说什么。我告诉她需要先冷静下来才能说清楚问题出在哪里，她平静后告诉我投影仪不能使用，而开幕的主题演讲在 15 分钟后就要开始了。我向她保证我会立即处理好这件事。我拨打了维修人员的手机号码，两名维修人员 5 分钟内来到了会场并及时解决了问题，而当时只有 3 分钟演讲就要开始了。会议主席赞扬我以专业的方式解决了问题，我冷静沟通和解决问题的能力有了美好的结果。因为这段经历，我后来总是反复确保会议设备一切正常。

STAR 法使利亚能以易为面试官理解的方式来讲述她的故事。利亚对危机场景的描述展示了值得称赞的技巧和个人特质，比如坚持、聪明和冷静，她从这次经历中学到的东西也为未来铺平了道路。

观点问题

观点问题旨在揭示内心和灵魂，要求你表达意见，以便让雇主更深入地了解你。比如：

你在学校学到的最重要的东西是什么？

你认为这个行业的主要趋势是什么？

是什么造就了一个优秀的领导者？

回答观点问题没有具体公式，可以用写短文的方式来组织答案。做准备工作时回想一些近年来在领域或行业内的重要发现。问问自己什么样的管理方式能带来最好的结果。要回答此问题，需要重新回忆一下工作的驱动力。事实上，许多内向者倾向于更有针对性，这样可以更好地回答这些问题。

针对典型观点问题，“谁在职业生涯中深深地影响了你”，以下回答十分恰当：

我很幸运有机会与一位富有同情心、条理清楚、威望很高的主管共事。她的管理风格严格而人性化，对团队成员有很高的期望。她看到了我的潜力，并鼓励我说出内心的想法。她总是认可我的成就，并把我推荐给相关部门的主管。她对我能力的信任激励着我去承担新的责任，比如在大型部门会议上表达观点以及与其他部门合作开发项目。在她的指导和支持下，我创建了一个目前仍然存续的新项目并得到了公司的一大笔资助。尽管几年前离开了这家公司，我一直觉得她是我职业生涯中重要的导师。

这个回答可以在很多方面得分。它让面试官深入了解了候选人良好的领导技巧（期望 / 指导 / 团队建设）和个人素质，也明白了这种领导风格如何帮助候选人成长为专业人士（承担新责任和创建新项目）。

熟能生巧

盘点自身职业和教育状况后，就可以开始彩排了。此时并不需要写下完整答案并进行背诵，而是要列出要点、深入思考，以期完整陈述自身成就和职业经历。也就是说，先找出要涵盖的要点，再找出相关实例。

下面是一份面试问题清单，可以多上网参考下别人的回答。不过要注意，别照搬别人的回答。虽然学习别人处理问题的方式很有帮助，但应该相信自己真实的声音并结合个人经历回答问题。

练习面试问题

本章已提出了一些典型面试问题，下面是一些不那么常见的技能展示问题，这些问题涉及了雇主所追求的员工素质和技能。

- 一般问题

让我看看你的简历。

描述一个对你的职业目标影响最大的工作或任务。

你的技能与这个职位有什么关系？

你从过去的经历中学到了什么？

你认为哪些自身经历会让你在这份工作中取得成功？

什么样的项目或责任最能激励你？

告诉我你的领导经历。

告诉我你最近看到过的一篇有趣的文章。

除了简历之外还有什么可以补充的吗？

- 行为问题

描述一次你采取主动的经历。

描述一个体现你创造性思维的实例。

告诉我你设定的一个重要目标以及为实现目标所采取的措施。

给我一个你不得不冒险的实例。

给我一个让你花很多精力去完成的项目或任务实例。

描述一个困难的决定和你决定的过程。

描述一下你和上司或同事之间的矛盾以及解决方法。

● 组织相关问题

你对我们公司有哪些了解？

浏览我们网站时，你有什么特别的印象？

你对我们的组织结构有什么看法？

你用什么标准来评价一个自己想加入的组织？

我为什么要选你而不选其他人？

实践技巧

尝试角色扮演

即使受到内向性格的拖累，我还是经常带着一种成功的感觉走出面试间，这其实让我感到惊讶。在成长过程中我曾参加过社区和学校的戏剧演出，长大后我发现原来这种经历实际上对面试很有帮助。参加面试让我感觉很像在剧院演出，只要扮演一个自信的专业人士角色即可。当然，我一直以来就是个自信的专业人士。

不是必须学过表演才能在面试中表现出色，但在练习回答问题时需要把自己想象成一个成功的专业人士。即使觉得自己在装模作样，也要摈弃保守的性格，自信满满地走进面试室。

找一个值得信赖的朋友或同事帮你进行模拟面试。有人提问会让你感觉很真实，然后请对方诚实客观地评价你。当发令枪响起，你坐在桌子的一边，雇主在另一边，这种体验是无价的。

利用技术手段

有些事情乍一看似乎无从下手，但科技产品确实是极好的工具，尤其是对开始前需要深吸一口气的内向者而言。

学会使用技术练习回答问题后，可以反复试验来提高回答技能。越来越放松后，可以邀请朋友或同事来聆听和观察你的面试技巧并提出意见。

在这个过程中，诚实面对缺点是很重要的，但不要击垮信心，也要欣赏自己在回答问题时所表现出来的优点。

评估非语言交流

加州大学洛杉矶分校的名誉教授艾伯特·梅拉比安所做的一项著名研究发现，93% 的人际交往是非语言的，可分为 55% 的视觉交流（肢体语言和眼神交流）和 38% 的声音交流（语调、语度和音调），只有 7% 的交流使用语言。

在自己录制视频或听朋友、同事反馈时，也应该对自己的非语言交流进行评估。

坐姿是挺直的，还是瘫在椅子上？眼睛是否以一种真诚但不具挑战性的方式聚焦于面试官，还是避免这种积极的接触？双手在做什么？肢体语言跟说话节奏和语调一样，能让雇主确定你是否合适。

整合

模拟视频面试是一种很有价值的学习方法，可以帮你开辟通向新机会的道路。下面的实例可以说明它的积极作用。玛雅是成功建立过服装品牌的企业家。她一直在寻找一种新方式，可以在传统的工作环境中运用自己的技能和经验，但一次又一次的面试都以失败告终。我们制作的模拟面试说明她存在内向者的致命弱点——把自己藏得太好，未能宣传自己的才能和成就。画面可以体现出相当多的信息。除了语言内容外，视频还揭示出非语言交流分散了面试者的注意力，因而无法将她视为理想的候选人。玛雅对模拟面试视频感到震惊，但从中学到的东西挽救了她的事业。

以下是录像的部分内容。玛雅申请的是一家运动服装公司的市场营销职位，我提的问题是“你的创业经历对我们有何帮助”，我们来看看最初回答和最终回答的差异。

- 玛雅最初的回答

在成功打造服装品牌的过程中，我除了关注财务和运营外，还把注意力放在了市场研究和公司战略方面。我对产品营销的各种手段都非常熟悉，也熟悉服装制造的全过程，明白合身的重要性，也能紧跟当前的时尚趋势。

- 非语言交流

玛雅几乎每次回答都是用自我怀疑和不确定的“嗯”开头。

这从一开始就削弱了自己的力量，希望能从对方那里吸取能量。在回答问题时，玛雅双手环抱，一只手紧紧抓住另一边胳膊肘以支撑住自己。我们一致认为，这是一种紧张和不安全的封闭信号。可以说，玛雅的非语言交流没有表现出果断或自信。

● 模拟面试后

我们列出了玛雅营销成就方面的实例以全面了解她的技能和知识，SMART 法让我们得以形成完整的答案。我让她先停顿几秒再回答问题，这样"嗯"就不再出现了。肢体语言也是需要解决的重点问题，我让玛雅把双手随意放在腿上或身旁。经过充分准备，玛雅整理了思路，显示出了自己曾作为一位企业家的深度和内涵。

● 玛雅改进后的回答

随着业务的开展，我提高了营销、财务和运营等方面的技能。我发现自己擅长营销，能够通过市场调研找到理想客户，并发起成功的营销活动。我曾设计并执行了一项社交媒体营销活动，一年该产品增加了 50% 的销售额，销售业绩的增长为拓展业务提供了所需的资金。贵公司正在设计新的泳衣系列。我了解产品营销，熟悉服装制作流程，也明白合身的重要性和当前时尚趋势。推出新产品总会面临挑战，我相信自己的经验和能力将有助于新品成功上市。

这次玛雅以坚定的态度回答了上述问题，再加上非语言方面的助力，效果出现了明显的转变，她后来被一个著名的服装设计品牌聘为市场总监。

精神饱满：克服恐惧和创造乐观的技巧

恐惧是面试或演讲的正常反应。当感到恐惧或焦虑时，大脑会分泌化学物质，而这通常会导致各种身体症状，比如颤抖或胃部不适。然而，在多数情况下只要注意身体发出的恐惧信号，就有机会解决这些症状。学会更好地控制恐惧后，你就会发现它也有好的一面，这些化学物质会给身体带来额外的能量。下面的技巧有助于控制恐惧和焦虑，让你以更放松的心态来应对面试。

运动

运动时大脑底部脑垂体会分泌出以内啡呔为主的化学物质，所以多数人能从中获得幸福感。无论是剧烈运动还是像散步这种低强度运动，都能起到释放压力的作用，让思想和精神得以集中。

冥想

临床研究已证明深呼吸和冥想对身体和精神健康都有好处。冥想现在很流行，可以帮助你在面试时保持冷静。

如果面试前一晚感到紧张，或在面试室外心跳加快，不妨试试短暂的冥想。

创造性想象

虽然无法让结果屈服于意志，但潜意识是个强大的存在，当你与它和谐交流时，想象力会以令人惊讶的积极方式发散开来。

有力的姿势

心理学家、哈佛商学院教授、《存在》一书作者艾米·卡迪研究了肢体语言是如何影响大脑的。简而言之，身体姿势是自我形象的反映。卡迪建议在到达面试地点之前，先摆出“表演者”的姿态，用手做出胜利的V型，然后放松身体。

这种方式可以自我放松和集中精力。选择任何对自己有用的方法来强化思想和精神，让你在生命中的重要时刻成为最好的自己。

第一个障碍：筛选面试

现在许多公司和组织都会安排一位人力资源进行筛选面试。在较小的组织和企业中，这将由员工、董事甚至首席执行官来进行。筛选面试可以通过电话或视频进行，时长约半小时，提问重点往往是工作经验和相关资历。目的是评估你在电话视频中的表现，从而确定你是否能参加更正式的现场面试。

电话筛选

内向者通常不喜欢电话面试，因为现场面试可以用非语言方式来表达自己。然而，电话面试实际上是对内向者有利的。记住，把所有研究过的信息放在身边以备参考。

电话面试基本准备技巧

记住，如果在电话中没有留下好的印象，就不会有继续面试的机会。所以，需要做一些准备工作，下面是一些最基本的准备技巧。

如果可能的话，使用固定电话以确保信号畅通。

找个安静的房间，确保吵闹的宠物、家人或其他电话不会干扰你。

旁边放好笔、纸、日历和一杯水。

准备好工作简历。

准备好相关项目和成果清单，记下需要注意的重要事项。

准备简短的问题列表以展示你对组织和工作的了解以及自身的愿望。

赢得现场面试的技巧

记住，关键是激发面试官的兴趣。使用下列技巧可以吸引面试官，让他们想更多地了解你。

考虑在通话中站起身，增强说话的力度。

面试官说话时，可以自然地插入一些评论，比如“我理解”、“那很有趣”或这“非常令人兴奋”。这种反馈方式表明了你正在全神贯注地倾听。如果沉默太久，对话有时候会僵住。

为避免冗长，把回答限制在3分钟内。

有条理地提出工作成果和其他相关例证，表明你的经历与公司需求相符。

在交谈过程中热情地表述工作成就和技能。有些紧张是正常的，可以先回答得简短些，但不要仅仅回答“是”和“不是”。

面试结束时，用一句简单的“感谢今天有机会与你交谈”作为结尾，然后写一封简短而优雅的感谢邮件表达谢意。

视频筛选：单向视频面试

一些招聘人员现在会使用单向视频面试。这种面试是完全自动的，不需要面试官到场，为公司节省了不少人力成本。问题通过在线视频呈现出来，回答则被记录了下来。这种方式的一个特点是没有人回应，也就没有对话的机会。人力资源和/或招聘主管会审查你的视频表现以决定你是否会进入下一轮面试。

由于不存在听众，这种面试方式会让人感到不安。但是，可以以类似电话面试的方式来准备，回答问题时轻轻呼吸，保持适当节奏，控制焦虑感。

主要事件：现场面试

如果走进面试室态度不够积极自信，那之前所有的练习和准备都白费了，心态非常重要。我们已经讨论过处理恐惧的方法，即抛开所有包袱，保持乐观的心态。

认识到内向本身也是一个面试的优势，所以不需要羡慕别人。利用敏锐的倾听技巧，对问题给出深思熟虑的回答。你可以观察面试官的面部表情和肢体语言等细微之处，通过这些来判断他们对答案的反应，即你的回答是否满足了他们的期望。从另一方面来说，内向也是一个优点，内向者回答问题时往往不会东拉西扯，这是面试官非常欣赏的品质。即使叙述方式并不华丽，创造力和敏锐的思路也能给雇主留下深刻的印象，这是当今职场十分看重的个人技能和品质。

避免灾难

有些面试官会问求职者一系列问题，而另一些面试官则喜欢开放的谈话方式。即使经过反复的练习和准备，面试也总有意外情况会发生。然而，“意外”并不一定意味着“灾难”，内向者仍然可以“兵来将挡，水来土掩”。以下是一些应对可能意外的办法。

- 说话太快？保持步调和节奏

即使内向者倾向于在说话前多思考，在面试时还是会说话太快。如果发现自己开始紧张了，结结巴巴地说不出话来，可以加快讲话节奏来挽救。一旦进入节奏，再深呼吸放慢速度。不要因为出现停顿而感到焦虑，也不要说废话。停顿是音乐的组成部分，也是说话的自然过程。交谈间歇可以提供一个短暂的空间，让双方处理已经交换的信息并重新聚焦主题。

- 被问题难住了？拖延时间

如果碰到回答不了的问题，先保持冷静。如果需要更多时间来回答问题，可以让面试官详细陈述下这个问题，也可以请面试官给些提示。在这个过程中，内向者就有时间整理想法并完善答案。

- 完全卡住？保持诚实

偶尔可能会碰到完全出乎意料的问题。如果被难住了，最好诚实地回答："这是一个有趣的问题，但坦率地说，我目前还没法给出一个正确的回答。"如果你的回答很古怪，面试官也会有不好的印象。试图掩盖知识缺陷只会让双方感到尴尬，直截了当反而会赢得尊重。当然，也不要过于焦虑，一次失败并不会致命。

- 面对充满压力的问题怎么办？重要的是处理问题的方式

某些面试官会下套，甚至会反驳你。令人尴尬的问题往往不是为了引出正确或错误的答案，比答案本身更重要的是回答的方式。这样的测试就是为了看你是直面压力，还是会变得不知所措。

各种面试形式

面试的形式也各有差异。要知道，面试并不局限于简短而激烈的问答环节，也可能在午餐时间进行，还可能会持续一整天，甚至通过实时视频进行。每种方式各有各的难点，所以要做多手准备。

午餐面试

如果午餐是面试的一部分，面试者要提前准备一些寒暄词。在这种场合，他人注意力总是在面试者身上。可以提出问题，但这种交流的主要目的还是让面试官更深入地了解你。除了与工作相关的谈话外，也可以谈论兴趣或业余爱好。随着话题的深入，你可以展示自己的多个维度，和面试官分享一些共同感兴趣的话题，这种共同性能增加得到工作的机会。

全天面试

马拉松式的面试对任何人来说都是情绪、耐力和脑力的多重考验，而对内向者来说尤其如此。如果觉得十分疲累，不妨找个合适的时间充下电。利用短暂的休息时间让头脑保持清醒，也让精神恢复活力。缓慢深呼吸几次，不要忘记摆出胜利的姿势，当然也可以使用其他有助于恢复能量的方式。

视频面试

这种面试通过视频进行。准备方法跟现场面试基本一样，但还要采取以下额外步骤：

选择一间整洁的房间。

在面试前试运行所有设备，特别是声音设备。

着装应与面见面试官一样。

注意克制紧张的小动作，不要敲笔、翻纸、清喉咙等。麦克风不会消除这些干扰，反而会放大噪音。

不要因为屏幕上的自我形象而分心，和面试官的目光保持接触。

二次面试

面试是个漫长的过程，在第一次面试中表现出色并不一定能确保得到工作，雇主可能会要求第二次面试，有时还有第三次。这是个好消息，这意味着你在初次面试中表现良好，对方很重视。接下来的面试仍然需要准备，也要注意在第一次面试中的不足之处。

二次面试可以与雇主进行更详细的对话，可以运用善于反思和创造的内在能量，提出一些自己的想法。另外还要准备些问题，以更深刻地理解组织的发展规划和目前状况。

善后

简要回顾

经历了紧张的面试后，先安静地独处一会儿，避免在这段时间，用显微镜审视并过度批评自己表现的失误。你已经尽了最大努力，放弃那些无法控制的事情，给自己一个机会重新振作起来。

几小时后或第二天，再花点时间来回顾下自己的面试表现。从面试中那些表现好的片段开始回顾，客观评估失误部分，并思考下次如何改进。几乎每个人都经历过恐怖的面试故事，所以如果这是一次糟糕的经历，看看能从中学到什么，然后继续前进。

感谢信

面试结束后向每位面试官索要一张名片，以确保进一步联系时不会拼错他们的名字和头衔。面试结束后马上发一封简短的感谢邮件，并重申你对这个职位的兴趣，突出自己在面试中学到的东西，让对方知道你的技能和背景完全匹配这份工作。

最终结果

做了那么多准备，你有理由知道最终结果。面试官可能会告诉你周末前会做出决定，但如果没说，也不要以为你肯定失败了。面试官总是忙着应付各种最后期限，延迟通知并不一定意味着你没有得到这份工作。当然，也不要消极等待。几天后可以给招聘主管或人力资源发一封简短的电子邮件询问下面试结果。对方不会觉得你的行为不妥，相反，这正体现了你对职位的兴趣。如果这个职位已经给别人了，也要对面试机会表示感谢并希望对方下次可以考虑你。跟往常一样，不要过河拆桥，以免失去未来的机会。

7

沙里淘金：工作邀约处理

内向者不会因一时冲动而兴奋过头，反而会因收到工作邀约后如何争取到最好的条件而有所畏惧。事实上没有必要感到有压力，慢慢消化这份邀约。详细研究下薪资范围和福利情况，同时考虑优先事项和个人目标，以直接和礼貌的方式要求自己应该得到的东西，才是上策。

本章主要讲述基于优先事项的工作邀约评估方法，一些有用的技巧和图表将帮你在薪资谈判的过程中找到方向。为了说明谈判的技巧，本章你将看到一位高级市场主管的案例，他克服恐惧和犹豫后成功提高了薪资。此外，本章还将论及与人力资源或招聘主管进行有效谈判的指导方针，以便内向者在谈判过程中灵活运用。

你得到这份工作了！

振作起来！电话铃响了，另一端传来，“你的经历和迄今为止取得的成就给我们留下了深刻的印象，我们想聘请你担任

Black and Rodriguez 咨询公司的高级城市规划师”。如果人力资源明确说出薪资等细节信息，你应该认真记录下来，对方也会稍后给你发来一封邮件列出完整细节。即使很兴奋，很渴望得到这份工作，也不能不假思索地同意。相反，回答应重点体现对这份工作的热情，让对方知道你在很认真地考虑这份工作。

这是个非常棒的消息，能为 Black and Rodriguez 工作我感到非常兴奋。希望邮件中能包括薪资、福利等情况，有问题我会即刻联系你。我该在什么时候做出答复？

在给出最后答复前，你要与人事保持联系，多数雇主都会给 3~5 天的考虑时间。

金钱不是一切

评估一份工作前，先考虑一下它能以何种方式支持和促进你的职业发展。从事这份工作是否能够加强技能、增长知识和扩大关系网？如果错过在职业生涯中得到发展和进步的机会，你以后可能会陷入更大的风险。即便这份工作“只是”岗位变动，也一样可以提供不同的体验，让你有机会提高专业技能。

注意，应届毕业生或重返职场者可能很难争取到太高的薪水，因为缺少专业经验作为筹码。除非你具备雇主非常需要的专业知识或相关技术，否则不太存在讨价还价的能力。本章内容将伴随着你的职业生涯一直发挥作用。

重要的事情放在首位：考虑当前状况

评估当前的薪资和福利状况能让你更准确地进行协商。在协商过程中应聘者最关注的往往是薪水问题,但也不要忘记福利，因为福利可以转化成金钱。

先把你当前的薪资福利详细列出来，然后根据完整的书面录用通知对两者进行比较。

开始协商

内向者可能与对方进行协商会感到有些压力，这很正常，不要被胆怯支配了你。成功的谈判需要有意识地利用内向优势，而不是贬低自己。

相信自己

在协商薪资福利的细节前，先了解自身的价值。内向者倾向于谦虚而避免自夸，但现在不是逆流而动的时候。相反，应该回顾以往的辉煌成就并展示自身技能。客观地向雇主展示自身的价值，可以让你成为团队中的一员。

得到邀约是很幸运的，但也要让雇主知道，得到你的助力同样也很幸运。

薪资分析

收到邀约后，显然应先分析薪资。有些在线资源可以用来研究、评估合理的薪资范围。先在相关网站的免费在线调查中填写预期职位名称、该领域或行业相关工作经验以及职位所在城市，然后填写当前薪资水平，就可以看到一个预期的薪水范围。

应届毕业生可以联系母校就业服务办公室，询问近年来的毕业生就业调查情况。在那里，你可以得到一份由不同行业校友提供的职位薪水清单。

公司规模和所在地也会影响薪酬。比如，初创公司的早期薪酬可能没有传统企业那么高。不过，在初创企业工作可以身兼多职，而在传统企业通常只能担任一个职位。如果创业成功，还可以从股票期权中获益。初创企业充满活力的工作环境可以锻炼多项技能，少拿点薪水或许是值得的。

应该协商薪资吗？

多数雇主并不会局限于最初的报价，这可能让你惊讶，实际上他们希望你去协商。一般而言，大型企业或公司通常有5000~10000 美元的空间。而对高层管理人员来说，这一范围可能更大。非营利组织的协商空间相对较小，在 2500~5000 美元，当然高管例外。

不要因为自己是应届毕业生而不去协商薪资。根据过去的实习经历和所得成就，仍然有 500~1000 美元的协商空间。

薪资协商最忌讳自我怀疑，做些功课了解自身的价值，以便提出合理的要求。

乔治梅森大学和天普大学最近的一项研究发现，与不协商相比，参与协商的起薪平均增加了 5000 美元。因此，研究了职位的薪资范围，分析了自身的价值，接下来就要勇敢地提出薪资要求。

研究福利

薪水尽管最为重要，也只是协商内容的一部分，要把福利放在同等重要的地位。较大的公司可能会给出一份包括医疗保险、假期和工伤安排等的福利清单。有些公司的福利是固定的，那就谈不上协商，可以多加注意雇主愿意协商的方面。所以说，增加收入固然很好，但也不要低估其他方面，以下是一些协商时应该考虑的非金钱因素。

- 职位名称

你可能对在新岗位上承担更多的责任感到兴奋，但又觉得职位名称不能准确地反映出你所处的具体职位或职责范围。职位名称因公司规模和公司文化会有所差异，可以用在线调查的方式来研究相同职责的不同职位名称，也可以多和同事交流，找出与职位描述和运营经验相匹配的职业发展趋势。如果调查后对职位名称不满意，可以主动提出一个更有利于自身职业发展和责任范围的称呼。职业发展可能会受到头衔的影响，换个称呼不会让公司损失一分钱，完全在可以协商的范畴。

● 休息时间

休息时间是另外一个需要协商的问题。尽管工作最重要，但时间也是谈判中应该考虑的。增加几天带薪假期可以弥补薪酬方案，还能平衡个人生活，对公司同样没有太大损害。

● 弹性工作制

2013 年的多项调查显示，多数公司允许部分员工选择弹性工作制，这包括灵活安排工作、部分时间在家工作和远程办公。其他几项研究也发现，弹性工作制有利于提高员工效率和减少离职率。在工作中独处是内向者情有独钟的事情，他们喜欢在家里或星巴克角落享受宁静，并独自完成工作。在提出弹性工作制要求之前，请确保其与公司现有的政策并不抵触。

● 专业发展

新时代需要不断增加知识和提高技能。如果在工资问题上遇到瓶颈，可以协商培训、会议费用等学习性支出。这些福利不会威胁到公司预算，同时又能提高自己的技能。此外，注重专业发展还有助于扩大社交圈和提高职业知名度，进而促进自己未来的职业发展。

研究薪酬方案

完成薪资调查并仔细研究薪酬总额后，首要任务是确定理想的薪酬方案。薪酬福利应该承认并尊重你的市场价值，最重要的一点是确定自己能接受的工资上下限和相关福利组合。对能接受的最低目标做到心中有数，这会让最终成交价相对最初报价略有提高。年轻的内科医生卡罗尔就是一个很好的例子。

协商工资和特殊需求：内科医生卡罗尔

卡罗尔是一位有 4 年工作经验的家庭执业医师，目前年薪 13 万美元，外加健康和养老保险金。一个更大的诊所邀请她去工作，开出的条件为年薪 14 万美元，并享受同等福利。作为一位单亲妈妈，她了解家庭医师的工作量，但还是想确保自己有足够的时间陪伴孩子。她还受邀去附近的医学院教授一门病人护理的课程，并且打算接受这一职业机会。

卡罗尔研究薪酬时发现，该地区 5 年以上工作经验的家庭执业医师平均工资是 158000 美元。分析雇主提出的薪酬后，她把期望值定在接近 15 万美元，因为新工作需要承担更大的责任。灵活的工作时间也是考虑的重点，她需要花时间陪伴儿子，也需要花时间教授护理课程。根据自身经验和技能，在不考虑其他福利的情况下，她把薪资下限定在了 14.5 万美元。

卡罗尔在保健和营养方面的专业知识非常丰富，与病人建立信任关系的能力也很强，这都体现了她在家庭医学方面的经验和技能，也为她赢得了良好的声誉。受邀到一所顶尖大学的医学院任教，也对她的职业生涯起到了推波助澜的作用。

在协商时，她在家庭医学方面的成就和知识让雇主相信其价值并考虑更高的薪水和更灵活的工作安排。她把工资范围作为协商的一个关键点，最终扭转了局面。

讨价还价后，卡罗尔的年薪确定为 14.8 万美元，每周工作 4 天，从早上 7 点到下午 3 点。卡罗尔通过协商明确提出了工资和福利的相关要求，最终超过了预期——她拿到了更高的薪水，而且由于工作时间比较灵活，她可以陪伴儿子，也可以在医学院教一门课程。

定下策略

与其他重要环节一样，协商之前需要做好准备。组织好想法，练习下表达，让陈述听起来流畅且自然。记住，你和招聘主管是致力于解决共同问题的盟友，要充分尊重对方，友好协商，最后的决定是双方都同意且满意的。内向者容易引出和满足他人的需求，但要保证对话结果真正实现双赢，而不是一味地自我牺牲。

制定策略的 6 个要点

确定目标后，要从两个不同的角度来看待问题：一方面是雇主的需求，另一方面是自身的职业目标。考虑时要涉及以下 6 个要点。

1. 你想要这份工作

一开始就要对人事或招聘主管清楚表明，你对这份工作是认真的。正因为如此，你完全有权利进行协商以得到最佳方案。谈话过程中要强调自己的兴趣和意图与雇主的需求是完全吻合的。

2. 对方需要你

雇主现在是你的盟友。请注意，雇主在众多面试应聘者中选择了你。所以礼貌且委婉地提出自己的要求，这样也有利于放松心态。如果感到紧张，可以确认下自己的要求，告知对方你会是个高效的员工。记住，坚持己见是可以的，但不要表现得苛刻或令人讨厌。

3. 确保对方了解你的价值

你最大的协商筹码是自己的市场价值。不要因为对协商感到紧张而拉低了自身的价值。先把想法转换成积极的表现，认真陈述过往工作成就和已被证明的天赋及技能，然后就有理由提出更高的要求了。

4. 对方有多需要你？

如果当前就业市场需要你的经验、技能和专业知识，这意味着你有更强大的筹码来协商更好的薪酬方案。此外，如果招聘主管急于完成某些项目，就必须尽快招募人手。虽然利用雇主的窘境并非你的本意，但利用时机得到好职位并非不道德。这是个双赢的结果——公司得到需要的服务，而你成为一个每天期待上班的快乐员工。

5. 了解协商对象

了解对方的性格、职位和需求对协商过程十分有利。如果在之前的面试过程中招聘主管曾对你的职位性质表示过担忧或者他暗示过可能影响你职位的组织趋势或挑战，你就可以在协商时根据这些问题提出有说服力的建议，或自信地指出你的具体优势将如何在当前组织环境中解决和改善问题。

直接与老板谈和与人事谈有所不同。老板有权批准更高的薪水要求，如果你的加入让老板直接受益，他可能更愿意在你身上投资，而人事可能会因为权限问题坚持固定的工资上限和福利待遇。

6. 衡量协商所处的位置

如果你现在有工作，那么会在协商过程中处于较主动的位置。同样，如果手头还有其他工作邀约，你可能会给对方更大的压力。但注意不要让多方相互竞争，否则可能会失去所有的工作机会。

准备协商计划

内向者会自然而然地倾向于专注而有条理的思考，这有助于制定良好的协商策略。有时间的话写下优先事项和协商目标，起草一份协商条款清单，以便进一步沟通。与面试类似，请朋友或同事帮你练习也有助于确定要点并形成框架，排练时可以以下面的谈判大纲为指导。这种排练也可以体现出你是否有说服力，准备肯定能让你信心大增。

- 准备协商大纲

确认：先重申对该职位的兴趣。

薪资分析：提出薪资分析研究，陈述要求加薪的理由（如果这是需要协商的条款）。

福利分析：仔细阅读协商涉及的福利要点。

优先事项：能接受薪资福利的上下限。

个人市场价值：你的经验、成就和支持雇主需求的技能。

致谢：感谢雇主对你提出的要求的考虑。

亚当：协商工作邀约

亚当是巴尔的摩的一位高级市场研究经理，他得到了波士顿一家数字技术公司市场研究副总裁的邀约。他对这家公司和新的职位感到兴奋，但当我提出对这份工作进行评估和协商时，他沉默了。亚当觉得这份工作已经给出了很高的薪水，自己不应该要求更多。

在讨论是否协商之前，我让亚当列出了当前薪资福利表，并与新职位的薪资福利表进行比较：

- 当前职位

工资：85000 美元

年底分红：7000 美元

健康保险：公司按每年 6500 美元支付 75% 的健康保险

假期：4 周

养老保险金：公司缴纳 6%

● 新职位

工资：100000 美元

基于上年的预计分红：12000 美元

健康保险：公司按每年 6500 美元支付 80% 的健康保险

假期：3 周

养老保险金：公司缴纳 4%

亚当的目标

列出当前和未来的薪酬方案后，我让亚当研究了市场拓展副总裁的薪酬范围。研究显示，大公司这一职位的平均工资接近 12.8 万美元（不包括奖金），这一信息使他更有动力和信心来要求更高的薪水。亚当意识到自己将在这份工作中承担更大的责任，所以工作也应赋予他相称的报酬。而且很显然，亚当还意识到自己要搬到生活成本更高的波士顿，薪水也应有一定的上浮。

另一个需要关注的因素是年龄，45 岁的亚当更看重退休储蓄。他仔细分析后发觉，雇主缴纳的比例减少了，决心通过协商来提高相应福利。除此之外，在讨论新工作薪酬方案的细节时，亚当还需要考虑休息时间。他有很多兴趣爱好，尤其是旅行，尽管这份工作已经提供了 3 周的假期，亚当还是决定争取 4 周的假期。

亚当对雇主的价值

为了帮助亚当巩固信心，我让他回顾了与职位相关的资格和经历。亚当拥有MBA学位，18年来一直在科技公司进行市场研究，其职业生涯始于市场研究分析师，之后晋升为市场研究经理，后又晋升为高级市场研究经理。他是收集和分析消费者数据的专家，他还设计并推出了一个交互式市场研究系统，这些都是让招聘主管特别感兴趣的地方。亚当知道自己的经验、创造性思维和敏锐的分析能力可以帮助公司更上一层楼，对自己能力和价值的信心使他制定了薪酬和福利的协商条款。

亚当理想中的薪酬和福利：

薪酬：115000美元（中型公司）

养老保险金：公司缴纳6%

假期：4周

工资下限：107000美元

亚当的协商大纲

在协商前，我让亚当按照协商大纲组织对话内容。

确认：对市场拓展副总裁职位感兴趣。

薪酬调查分析：大公司同等职位的平均薪资为128000美元，外加奖金。

福利审查：养老金保险缴纳比例和带薪假期。

优先级：工资第一，退休金第二，假期第三。

个人市场价值：在销售和搭建数据系统方面取得了较大的成功。

致谢：感谢招聘主管考虑自己的要求。

排练

确定协商过程中的优先事项后，我们进行了角色扮演，我扮演雇主的角色，以下是排练回放。

亚当：你好，我是亚当，打电话来是想讨论下市场研究副总裁的职位。收到贵公司的市场研究副总裁的邀约后，我感到非常兴奋。如果方便的话，我想讨论几个问题。（确认）

老板：亚当，很高兴接到你的电话。你准备好签约了吗？有什么问题吗？

亚当：在收到了书面的全部报价后，我花了一些时间研究了相关副总裁的薪资范围。根据调查，贵公司薪水比平均水平低了些，我希望这方面能有商量的余地。（薪酬调查分析）

老板：坦率地说，我很惊讶我们的薪水比竞争对手低。事实上我们一直给员工提供了强有力的薪酬方案，并为此感到自豪。你能告诉我更多的细节吗？

亚当：当然可以。根据数据统计，市场研究副总裁的平均工资是128000美元。考虑到贵公司是个中型公司，而来贵公司工作我的生活成本会有所增加，所以115000美元的薪水比较合理。

当然，我不是说没兴趣来贵公司工作了，我对贵公司依然十分向往。我个人认为自己经验丰富，在分析消费者对科技产品的看法方面有敏锐的触觉，能够持续推动公司收入的增长，有信心为公司做出巨大贡献。面试时，您应该对我的许多创新项目和成果印象深刻。而在贵公司，我将承担更大的责任，也要付出更多的生活成本。（薪酬调查分析、个人市场价值、确认）

老板：我明白你的意思，你仔细看过相关福利吗？我们非常有竞争力，也许这方面对工资会有所补偿。

亚当：我认真看了福利方案，确实令人印象深刻！我联系了人力资源部的罗伯特，他回答了我关于各种健康计划的细节问题。我想讨论的福利是养老保险金方面。方案上写公司会缴纳 4% 的养老保险金，目前我所在单位缴纳比例是 6%。由于我正处于为退休存钱的人生阶段，所以如果能把养老保险金缴纳比例提高到 6%，我将不胜感激。另外，方案上我一年有 3 周假期，希望能延长 1 周。（福利审查）

雇主：第一年所有员工的养老保险金都是固定比例，但第二年我们可以将缴纳比例增加到 5%。再多给你几天假期吧。福利和薪水要求我先考虑下，周末之前会给你答复。如果暂时无法满足你的工资要求，我们会在 6 个月后评估员工的表现，如果你的表现很好，会有加薪。

亚当：感谢你对我提出的要求的考虑和理解，我期待着本周晚些时候收到回信。（致谢）

在全面审查优先事项和认真分析薪酬方案的基础上，亚当有信心更好地进行协调，他向雇主表明自己会是个对公司有巨大贡献的人，也将是公司重要的拥护者。最后，亚当成功完成协商，并取得了积极的结果。

- 最后报价

薪资：108500 美元（6 个月内的薪水，6 个月后根据业绩情况上涨 5%）。

安家费：2500 美元

养老保险金：第一年公司缴纳 4%，第二年公司缴纳 5%

假期：第一年 3 周加 2 天，第二年 4 周

尽管这些数字听起来令人满意，但亚当仍没有急于接受，他继续要求招聘主管考虑在第二年将养老保险金公司缴纳比例上升至 6%。招聘主管同意根据其表现在一年后进行讨论，并又给亚当增加了 11000 美元的薪资和 2 天的假期。

协商风格与场景

世界上没有两次协商是完全一样的，毕竟，对话总是发生在不同的个体之间，大家都有自己的沟通方式。下面是一些在谈判中融入个人风格的建议和常见的陷阱。

3 种错误的谈判风格

1. 回避

亚当的直觉告诉他，“接受现状，否则可能会不被录用”。回避是一种自我挫败的方式，用来抵抗任何带有冲突意味的情况。相反，应该避免任何自我挫败的想法，接着你会惊讶地发现雇主是多么需要你。

2. 包容

把公司需求放在首位，自然会把自身需求最小化，从而削弱自己的地位。内向者往往是这种协商风格的牺牲品，因为他们会迅速地倾听并支持他人的需求。不幸的是，这种协商方式在规避风险的同时，也失去了自己的风格。不要从一开始就觉得招聘主管在质疑你的要求，专注于优先事项，并在心里与自己的最终目标相比较。如果把注意力集中在雇主的关注点上，将自己的需求和愿望最小化，基本上你是在牺牲自我而成就雇主。在这种情况下，你很可能会感到失望，从而终止协商。

3. 妥协

这种协商方式基于某种交易行为。在使用妥协的协商方式时，双方的诉求都能得到满足，但对内向者来说这是一个棘手的过程。过分考虑雇主需求可能会让自身优先事项面临风险。虽然考虑雇主需求不是件坏事，但可能会失去一些自己珍视的东西。

2 种理想的谈判途径

1. 合作

在这种类型的协商中，你和招聘主管一起为解决方案而努力，而不是就合同条款相互竞争。你的职责是了解招聘主管的难处，并寻找能满足彼此需求的解决方案。合作在本质上是一种对话，探讨各种可能以求达成协议。这是一种良好的谈判方式，因为谈判对象可能会是你将来的直接上司。

2. 使用有力且自信的语言

在展示谈判观点之前，平静地接受紧张不安的事实。谈判的结果可能会在可预见的未来影响你的工作和生活，所以紧张是人之常情。用自信的方式表达观点，用清晰且有力的话语掩饰紧张的情绪，避免用“我觉得”、“我只是想知道”或“我觉得可能”等让人泄气的话。相反，你可以用一些表达自信的短语，比如“此刻我想讨论一下”或者“我的经历让我确信……”。使用体现力量和信心的语言会令人尊重和赞赏，而这通常会带来积极的反应或结果。

与外向者谈判

有时为谈判做好了心理准备，结果却发现自己面对的是个外向的人。面对新上司与生俱来的能量，你又缩了回去。你不知道什么时候该打断对方的话，但不要把自己放在不对等的位置上。

相反，振作起精神，应对此类潜在场景的最好方法是沉思式倾听。这是人本主义心理学中很受尊重的一种技术，即通过评论或重申说话人的话来认可对方。

这种方法可以帮你与新老板建立起联系。但请注意，沉思式倾听不仅需要耐心，还需要大胆说出自己的思想。下面这位内向者在与外向的人事谈判时就使用了这种方法——

玛丽亚，我当然理解你现在的处境，因为你面临着部门预算和人力资源成本控制等难题。我并不想淡化这些问题，还是想和你多谈谈福利的问题，看看是否有可能每周至少在家工作一天。

事实上，沉思式倾听是内向者的天性。它能让你在与外向的招聘主管谈判时重拾内向性格的可贵品质——敏锐的洞察力、观察力和倾听力。使用这种技巧，你可以在倾听的同时，既保持对演讲者的尊重，也保持对自己需求和期望的维护。如果刚见到外向型主管时感到焦虑，那就深呼吸一下，以免自己被吓住。与其马上开口，不如再想想自己的诉求和目标。然后，找到合适的机会切入主题。

如果在谈判中与外向者有了良好的开端，你可能很快就与他们建立了牢固的联系。如果看到你在工作中表现出色，外向者可以成为你强有力的支持者，他们会全心全意地向别人推荐你。

与内向者谈判

倾向于内向的管理者可能会以友好而含蓄的方式开始谈话。他不会试图控制谈话的内容，而会把注意力放在你的身上，确保你完全理解了薪酬方案，或者他可能会直截了当地问你是否有任何问题或顾虑。

谈判中你提出观点后，招聘主管可能会有一个停顿，考虑下你的要求。不要用声音填补空白，让对方思考下，这能给招聘主管提供必要空间来处理刚刚讨论的问题。换位思考下，如果你处在对方的位置，也会需要一个间断来整理下想法。

与内向者谈判的主要好处在于对方会认真倾听，你可以有足够的时间来陈述自己的观点。他可能不会显著回应或参与讨论，甚至会要求更多的时间来考虑下你的要求。此时你应该保持耐心，不要过于担心。

谈判破裂：对方不肯让步

要知道什么时候该离开，以充分的理由拒绝一份工作也是体现自尊的一种方式。如果决定拒绝这个职位，以积极的态度结束谈判，对对方表示感谢，对公司的使命表示尊重和钦佩，对不得不拒绝表示遗憾。

谈判也是一种生活技能

随着事业的发展，谈判能力将会影响发展的潜力和应得的收获。与高层领导和同事谈判时成果越多，信心就会越强，工作也会越有动力，雇主更是会欣赏你的谈判能力以及谈判时所展现的自信和技巧。

谈判不一定总能成功，但不管怎样你还是要继续在职业道路上成长。下一章将阐述开始新工作时，需要学习的更多谈判技巧。

8

优雅入职

一旦成功谈妥了工作条件，真正的考验就开始了。刚开始为新雇主工作就像进入了一个充满未知的美丽新世界，要学会与不同的性格、期望、节奏和风格的同事和谐相处，那就要先与内向的天性展开拉锯战。新老板会是什么样子？同事会是什么样子？最重要的是，怎样才能在新工作中表现出色？

内向的性格可能会给你带来更多的挑战和压力，尤其是在更适合外向者的现代职场中。刚开始在表达观点或与老板及同事交流时，你可能会有所挣扎。做好自己，拥抱内向者的优点，它们已经让你得到了这份工作。作为一位倾听者，你可以问些有洞察力的问题，表现出对学习的热忱，并真诚地邀请同事参与讨论。和同事一起参与需要专注力和创造力的项目时，你的天性也会是加分项。需要注意的是，尽管在办公室里安静地工作是可以的，但你也要找到一些方法与同事进行有效的沟通。虽然不需要在办公室成为主角，但也不能把自己与他人割裂开来（内向者倾向于这样），需要学着适应组织的节奏。

本章旨在帮助内向者从工作第一天起就站在正确的立场上，包括在组织环境中找到方向、有效地与上司和同事沟通以及了解适当的职场礼仪等。本章你将看到肯德拉（一位富有经验的平面艺术家）如何成功地在新工作中给他人留下良好的印象。

站在正确的立场

刚来的前几天你可能会觉得有些尴尬，因为要处理一些基本的细节，比如整理工位、熟悉办公环境和结识新同事等。

记录观察到的事物可以帮你理清思路，让你更快地熟悉新的办公环境。你可以把观察所得分为两类——

新信息：了解到的重要信息

问题：为了明确新信息而提出的问题

运用敏锐的观察和倾听技巧去感受公司脉搏，注意老板和同事的性格特征，并逐步确定与他们共事的最佳方式。

你最终当然必须掌控局面并表现出主动性，但在最初的阶段还是要多加观察。通常 30~90 天的试用期或入职培训期，是了解公司同事的最佳时机。

重新开始

内向者倾向于把事情放在心里，把失败或困难的经历内在化。如果这些经历控制了你的态度，就会威胁到你未来的发展。如果以前和主管或同事有过不愉快的经历，那就把它从记忆中删除，这样就不会给新工作蒙上阴影。可以和一个值得信赖的朋友谈论此事，这能帮助你把事情看得更清楚，并鼓励自己向前迈进。很多时候，是你自己在某种程度上加深了消极的体验，其实你可以做很多事情来改善这种情况。深思熟虑的评估将帮助你避免在新工作中重复类似情景。与自己约定，如果再出现类似情况要采取不同的行动，并保持积极的态度，这会使工作和生活焕然一新。记住，要用崭新的情绪开始新的工作。

了解组织

虽然为面试所做的功课让你对公司的使命和愿景已经有所了解，但深入研究公司具体规划还是个好主意，因为这能让你以更广阔的视角来了解公司的未来。仔细研究下组织结构图，你就能知道自己在公司所处的位置。

要记得仔细阅读员工手册，了解知识产权等问题相关的公司政策和程序，也要清楚公司电子文档的处理方式，以确保自己没有违反公司的相关政策。

缩略词和行话

缩略语在当今社会比比皆是，许多组织会利用缩略语来代替冗长的专业术语。在工作场合迅速识别这些缩略词和行话，可以让你更快地融入组织。

社会风尚

同行和客户会期望你遵守公认的社交规则，保持礼貌，着装得体，尊重他人。注意工作中的社交礼仪，这样就不会因为失礼而难堪，也有助于你尽快融入新的企业环境。

礼仪

职场礼仪需要细致观察。观察办公室里受人尊敬的同事是如何待人接物的，学习他们良好的行为模式。

衣着

穿着有品位的衣服，但风格要保守。与高管、董事会成员或重要客户会面时，需要着装非常正式。但在一般情况下，商务休闲装也是可以接受的办公室风格。商务休闲装的定义很宽泛，在不同办公室里区别很大。最初几周先观察下同事的着装，然后穿大致同样风格的衣服。时间一长，你就能知道如何在尊重办公室着装规范的同时表达自己的个性和时尚感。

团队精神

熟悉公司概况，掌握职场规则，这将有助于你适应新的工作环境。在部门会议上观察讨论的议题，同时学习领导是如何促进和管理团队的。

员工休息室是个重要的社交场所，在喝咖啡或休息时进行交谈是很自然的。但不要参与讽刺、挖苦其他同事的话题，也不要表现出对这种话题的兴趣。八卦只会产生消极影响，不会为你的信息储备增加任何东西，也不会帮你成为一名有价值的员工。

时间表

刚入职时要谨慎地遵守办公室的时间规则。这不是一个简单的问题，必须适应新环境的工作时间表，这将有助于你跟上组织的工作进度。

绩效期望

新工作的绩效如何，关键在于你是否与顶头上司沟通良好。在尽可能早的时候主动和上司坐下来对话,确定最佳的交流方式。3~6 个月的试用期至关紧要，有必要尽快了解公司的用人需求以及实现需求的最佳方式，确保你清楚了解公司的期望和自身的责任。这也可能是个好机会，可以借此了解组织中的关键人物，这些人会在工作中帮助你，并提醒你要避免的陷阱。

同事在工作和生活中的作用

特拉维夫大学的研究人员进行了一项研究，以体检为名对 820 名在职成年人的健康状况进行了为期 20 年的调查和跟踪。

你可能会惊讶地发现，研究结果显示，与保持健康关系最紧密的因素是同事的支持。所以，不但要创造良好的工作环境，还要积极地与同事建立融洽关系。

请记住，你不仅是职场中人，还是真正从职场中受益的人。不要像个木头人一样等着被邀请，走过去微笑和说声“你好”也可以。这是建立融洽关系的一种不具威胁的方式，也是个舒适的开始，然后就可以更进一步聊聊诸如“周末过得怎么样”之类的话题。注意观察办公室里高绩效的员工，而不是一味抱怨或逃避工作。一个善良而受人尊敬的员工向你展示工作诀窍以及如何避免失误，那是无价的。

孤独

在新工作的最初几周，你会觉得自己被困在孤岛上，这是很正常的。但是，没有必要把这个特定时期的感觉解释为不正常的状态。这种孤独感只是一种暂时的状态，与内向性格没有任何关系。即使你很努力，也需要时间和经历来建立有意义的联系，并与已经就位的员工建立舒适的互动。另外，要注意，有些同事可能已经形成了小团体。不要浪费你的时间去闯入已经建立了牢固联系的团体；相反，你的触角可以伸向那些似乎与你合拍的人或者帮你解决问题的人。哪怕只和办公室里的一个人能够友好相处，也可以缓解初入职时的孤独感。

循序渐进地培养人际关系对内向者很有吸引力，因为这将有机会创造出更有意义的联系，所以大可放心，融入团队的最佳策略是很适合你的慢热性格的。记住这个事实，要相信孤独感会慢慢消失。

在工作过渡时期可以向家人和朋友寻求帮助。无论在工作中投入多少精力和时间，仍应该继续参加那些熟悉的活动，让自己拥有归属感。

为什么新员工经常失败

全球领导力培训和研究公司 Leadership IQ 开展的一项为期 3 年的研究发现，46% 的新员工会在 18 个月内受到挫折，只有 19% 的人取得了明显的成功。根据这项研究，失败不是专业技能薄弱导致的。新员工失败的主要原因是人际交往能力差，因为他们无法控制情绪、不愿接受反馈、缺乏动力和主动性。记住这些问题，不要让自己成为又一个失败的例子。利用内向的力量仔细聆听和认真观察，试用期期间要与同事和高层领导保持沟通。按照下面的 7 步计划，你将会成为 19% 成功者中的一员。

7 步成功计划：最初的 60 ~ 90 天

你已经学会了如何找准职场的方向。能否在新工作初期就取得成功，这将在很大程度上取决于你能否与主管、同事、客户以及辅助人员建立高效的工作关系，对特定项目和具体职责表现出兴趣和主动性也同样重要。在这一阶段，不要羞于提出可以解决问题的意见和建议，也不要犹豫说出新颖的想法。无论意见是否被采纳，你都要开始把自己塑造成一个坚定的合作伙伴。

第 1 步：与你的主管建立关系

你的首要任务是与你的主管建立一种高效的关系。逐渐了解彼此并找到共同的话题，这将有助于打破僵局。也许你们对网球或电影有共同的兴趣，或者有相同年龄的孩子。通过这种共性，你自然会和主管建立起简单而有持续性的话题。不要指望和主管形成“兄弟”式的友谊，你的目标是与他建立比较亲近的关系，并共同努力，使公司受益。

表示关心

管理层有他们自己的关注点，要创建和执行战略计划，以确保团队完成考核指标。内向者往往对别人的需求很敏感，你可以利用这个特点来表达对上司的关注。同时，积极承担团队责任，并为完成团队考核做出实际的贡献。

如果你已经对主管的优先事项了解很多，那就寻找机会提供支持或帮助。随时准备好主动地帮助主管减轻负担，或直接提出有建设性的建议。在实现团队目标的过程中，你作为一股积极力量，要主动为主管分忧，同时让自己成长为团队中的重要一员。

解冻

如果内向型性格占据上风，你在和主管初次见面的时候可能会紧张得说不出话来，那就提前准备一些关于自身职责的具体问题。这会放松神经，为你打造良好的第一印象，让主管知道你在认真地考虑工作。也可以问问主管以下的问题，以帮助你更好地了解你的工作角色。

你希望我在最初阶段先完成什么工作？

你面临的主要挑战是什么，我能帮你做点什么？

在接下来的几个月里，我应该着重学习哪些东西？

我在工作中有哪些方面需要注意？

你觉得员工应该具备怎样的素质和技能？

与主管一起并肩作战

主管经常要全神贯注于解决大的问题，所以可能在分配工作或引导新员工方面不太上心。而缺乏上级指示的你也不要坐在那里无所事事，要积极主动地融入团队。先确定是否有些基本工作需要完成，并主动加入其中。

一旦对主管个性和优先事项以及部门的任务和目标有了更多的了解，就可以主动提议参与一个项目，实实在在地为组织效力。

第 2 步：与同事建立关系

期望和那些原先并不熟悉的同事发展成伙伴关系，这并非不现实。换了其他工作后，仍然可以和一些旧同事保持良好的联系。直到今天，我还和几年前在宾夕法尼亚大学共事的几位同事保持着联系。他们不但在专业技能方面帮助我扩展了职业思路，在情感方面对我的支持也同样有价值，或者说更有价值。

参与 5 分钟谈话

与上面提到的许多任务一样，可以先做一个计划，5 分钟就够了！也就是说，每天花 5 分钟和几个看起来有空的同事聊聊天。把讨论限制在无争议且不复杂的话题上，如果你不擅长闲聊，那就从我所说的“三个 W”开始——天气（weather）、周末（weekend）以及世界（world），避免政治和宗教话题。通常，短暂的拜访和简短的交谈可能让你们下次一起吃午餐或喝咖啡，甚至共同合作完成一个工作项目。

虽然当面交谈往往是建立人际关系的理想方式，但也可以利用社交媒体来增进彼此的了解。例如，如果注意到有同事在领英或推特上发布了一篇专业文章或评论，你可以直接回应帖子表达兴趣，你甚至可以对此进行进一步的探讨。这种方法对害羞的内向者很不错，他们更愿意默默地与同事建立首次联系，而这通常会为最终的社交关系奠定基础。在这种关系中，人们最初可以就在线话题展开详细讨论，最终结成更有意义的联系。

平衡情绪

在任何新的环境中，头几个月都不要表现得很保守。相反，多回想过去的成就，告诉自己适应新的工作环境需要时间，以此来减少恐惧。如果同事发表了居高临下或批评的言论，纵然感到伤心也要保持冷静，不要想着报复。抚平受伤的心灵，如果必须发泄怨气，那就在想象中发泄，不要让它在工作场所发生。

把职业精神摆在头位，而不要去迎合办公室里的种种钩心斗角。专注于工作中的自豪感和满足感，不要过度分心于人际交往，展现积极且开放的态度这将是邀请同事与你合作的最好方式。

第 3 步：建立与行政辅助人员的关系

作为一名想有效完成任务的新员工，你会想方设法向老板和同事展示能力。想给那些评价你的人留下深刻印象当然是很正常的，但不要忽视与辅助人员也建立良好的关系。如果你把他们当作盟友并给予尊重，他们会让你的工作变得更轻松。

老板和同事经常要依靠行政辅助人员来管理项目，与此同时，行政人员还可以近处观察你如何处理工作，如果你表现得不够专业，他们可能会把对你的印象告诉老板。与行政人员建立和谐的关系，他们可能为你提供各种便利。

第 4 步：面见关键人物

在入职初期，你的目标是了解高层领导和明星员工。试着与关键人物简短地会面，以更多地了解他们在公司中的角色。对于内向者而言，在与任何重要领导见面前，可以去准备好以下几个合适的问题。

- 针对关键人物的问题

你的主要职责是什么？

你在公司工作多久了？

你喜欢自己的工作吗？

你面临的主要挑战是什么？

你认为公司未来 5 年会走向何方？

你对在这家公司取得成功有什么建议？

第 5 步：认可他人

你已经进入了一个新的世界，所以大胆去找老板和同事寻求帮助吧。坦率地表达自己想做事情的愿望，当主管或同事帮助你时，一定要表达感激之情。毕竟，每个人都喜欢因自己的工作而得到认可。所以，如果对主管领导项目或处理冲突的方式印象深刻，要表达自己的赞美之情。同样，让同事知道你被他们处理棘手客户的耐心和技巧所激励，你学到了很多东西。要明白，这些不仅仅只是形式，而是对他人成就的认可。简而言之，表达感激之情是在办公室中培养积极关系的关键。

第 6 步：注意交流的方式

与他人和谐互动的能力以及令人信服的表达能力将会影响你的成功。内向的能量是一种财富，在说话之前要仔细倾听别人的意见并进行认真的思考，这些积极的品质可以帮助你建立与主管、同事和客户之间的信任关系。

会议

在新工作的头几个月，你可能觉得在会上畅所欲言并找到合适的时机来表达想法是很难的事情，也很有风险。在部门会议之前，你可以把想法、顾虑或问题事先准备好。在第一次或第二次参会时，你可能还无法主动提供信息或回答问题，但你可以发表评论或提出意见。当然，不必在会议上第一个发言，在发言前花几分钟仔细聆听并了解会议气氛是个前提条件。随着对员工的了解和对会议节奏的把控，你会发现参与会议变得容易了起来。

当你突然被问到一个问题时，你可能会感到困惑或不知所措。但是，没有人能百分之百找到正确的答案。当你有时间回顾和反思的时候，你可以到你的主管或同事那里，提出一些解决问题的意见和想法。

电子邮件交流

在现代职场中，大量人际沟通都是通过电子邮件进行的。相比以往，你需要更快地响应邮件请求。想在试用期给人留下好印象，就一定要及时回复工作相关邮件。

电子邮件内容应该与工作相关。注意语气，避免使用俚语，也不要用电子邮件来解决工作中的冲突。敏感问题用文字表达很容易引起误解，那就很不必要了。记住，网上没有什么机密，所以千万不要通过电子邮件来讨论敏感的事情。还有一点，要仔细检查发送的内容，避免拼写错误和语法错误，以此表现认真的工作态度。

第 7 步：评价自身表现

熟悉了企业文化和自身责任后，做一个工作清单，诚实地记录下自己的工作表现。先把重点放在自身的优势方面，评估自己面临的最大挑战，并寻求可以利用的资源和关系融洽的同事来帮忙应对这些挑战。

SCORE 法：自我评估方法

SCORE 法可以帮助你发现自身长处和需要改进的地方，它还可以帮助你发现存在的机会，善加利用当前的资源，为新工作制定一个行动计划。

优势（strength）：确定自身支持该职位的技术能力、知识储备和人际关系。

挑战（challenge）：列出值得注意的因素，学习进一步成功所需的知识。突出与同事或主管可能产生的潜在冲突，以及对项目或责任可能产生的预警。

机会（opportunity）：设想感兴趣的工作项目或任务。有哪些可持续的发展方式能让你为公司增加价值并持续打造个人品牌？

资源（resource）：有什么人脉或资源可以帮助你取得成功？如何从高级领导和相关同事的专业知识中获益？如何在通往成功

的道路上发挥外部人脉的优势？资源库需要更新吗？有哪些财务资源？需要为正在进行的项目提供更多资金吗？

评估（evaluation）：总结并评估哪些优先事项会帮助你在新工作中取得成功，设定优先事项并制定相应行动计划。

露辛达使用 SCORE 法确定工作重点

来看看露辛达如何借助 SCORE 法评估自我表现和相关挑战，并挑选出支持组织使命的项目。露辛达在一家大型零售连锁店担任社区关系总监。在到岗最初的 30 天里，她主要是提出问题、承担基本职责，并思考如何融入新组织的文化。然而，到了要推进某些项目的时候，露辛达不确定从哪里开始，也不知道如何激励和管理员工。

露辛达手头有好几个项目，包括赞助 6 千米跑公益项目、员工志愿者项目和慈善捐赠项目。尽管性格比较保守，但露辛达观察力敏锐，她发现公司面临着一些士气问题以及各个项目都有不同的执行难度。例如，员工志愿者项目在过去从未成功过。此外，尽管公司曾偶尔参与慈善捐赠，但目前还没有真正确立慈善的理念，也没有这方面的战略规划。

下面看看露辛达如何用 SCORE 法进行自我评估。

- 优势

与同事建立良好的关系。

分析和思考战略。

开发和实施项目。

创建和执行新项目。

与媒体合作。

创造性思维。

研究和综合信息。

- 挑战

从何处着手和优先实施哪项任务。

如何激励员工参与志愿者项目。

如何与管理团队一起设计和建立慈善捐赠策略。

组织 6 千米跑大型公益项目。

建立社区人际关系。

- 机会

员工志愿者项目：评估关键问题并重新构建项目，这将提升公司的社区形象，为员工提供有益体验，并增长公司士气。

慈善捐赠项目：露辛达认为这是自己工作的核心。通过帮助组织创建项目愿景，她能够接受高级管理人员的指导，并与他们展开密切合作，使社区最终受益。

- 资源

找一位在同领域有经验的同事会面。

与公司负责人力资源和市场营销的领导会面。

回顾以往活动和项目数据。

- 评估

在对个人优势和面对的挑战进行全面评估后，露辛达确定了以下两个有利于组织并可以发挥个人才能的项目——

外部社区：慈善捐赠项目

内部社区：员工志愿者项目。

露辛达的目标是与负责沟通的副总裁会面，提出以项目计划为主要内容的议程。为了确保会面富有成效，露辛达需要准备一个讨论大纲。

- 结果

露辛达与老板会面，后者对这两个项目充满热情，但担心她负担过重。老板建议她先将精力聚焦于慈善捐赠项目，并就如何与高级管理团队沟通和启动该项目提出了有价值的建议。露辛达对得到的鼓励感到兴奋，并要求与老板定期会面，以持续从后者的洞察力、建议和专业知识中获益。总之，深思熟虑的准备工作帮助她获得了老板的支持，使她有机会担任组织的重要优先事项。

- 另一种可能性

露辛达和老板之间的互动产生了良好的结果，但你可能会遇到这样的情况——尽管你很有热情，新老板依旧怀疑你是否已经准备好承担一项新任务。针对这一情况，你可以在讨论前提出两三个可行方案。如果主管完全拒绝，或觉得你还不足以承担新的项目，那也不要放弃。对当前承担的责任要保持积极的态度，以行动证明自己是个高效执行者。继续收集更多数据及阅读与项目有关的报告，然后在稍后的新框架中展示想法。随着时间的推移，你的职业道德和出色表现会让老板对你有信心。

外向型主管

入职早期就会有明显的信号显示你的老板是外向型的。相对你冷静而矜持的天性，一位精力充沛、健谈的外向型管理者可能显得过于强大。一开始你可能会觉得难以适应，但还是应该接受差异性。即使还没有准备好回应对方所有的谈话要点，也要通过面部表情让对方知道你在关注——你理解他并准备合作。如果没有得到任何口头回应，外向者可能会觉得不舒服，甚至误以为你冷漠而被动。要记住，外向者倾向于同时说话和思考，而且很容易采取主动。其实这些品质通常对你是有利的，因为可以确保对方对你的问题或担忧做出实质性回应。

如果想成功地和一位外向老板共事，一定要主动定期联系，而不要只是被动等待。避免发送太长的邮件，外向者宁愿口头沟通也不愿用冗长的信函回复问题。遇到外向者时，需要先做些准备工作，以克服不确定的因素，而老板则会欣赏你深思熟虑的提问和评论。

你也可以直接告诉上司自己的内向性格，这会让对方更好地理解你。让老板知道你有时可能看起来很安静，有点拘谨，但这并不意味着你不积极。可以坦白地表明，你倾向于先处理问题，然后再用语言表达出来，并且会认真而有条不紊地工作。记住，优秀的管理者也想知道与员工共事的最佳方式。了解彼此的工作节奏可以让你们的关系更加融洽，也能让你们在工作中取得成功。只要平衡好主动和被动两种不同的个性，内向者和外向者完全可以和谐共事。

个人从业者

如果你主要在家里工作，那么了解在线工作的人是一个很大的挑战，你可能会发现很难与老板、同事和客户建立联系。这就是技术加速时代的一个重要体现。然而，即使独自工作，你仍然可以与组织里的人建立融洽的关系，并借助技术手段良好地与客户沟通。内向者可能会沉醉于独自工作带来的平和、安静和孤独，但这种沉醉可能是个潜在的陷阱，让你失去与周遭的联系并越来越孤立。

借助手机和电子邮件可以实时讨论问题并保持重要的工作联系。内向者往往喜欢更丰富的当面交流，而不是电话里虚无缥缈的声音。你可以选择视频软件进行交流，这样可以看到彼此，以更好地了解一起工作的人。

一位我最近认识的个人从业者与几个伙伴一起成立了一个名为“办公时间”的网络组织。他们几乎每周都会在网络上会面一两次，通过显示器聊聊天。虽然身处不同的地方，但他们用很聪明的方式尝试去复制那种面对面的办公室体验。

图形艺术家肯德拉融入新工作

肯德拉是位成功的平面设计师，在一家小型广告公司工作了好几年。公司氛围很好，在同事的支持和指导下，肯德拉迅速成长了起来。然而即使工作做得很好，她却一直没得到晋升的机会。肯德拉想去寻找更具挑战性的职位，她很快在一家大型广告公司找到了一份高级平面设计师的工作。

在最初的乐观和兴奋之后，她开始为适应新企业文化和完成艰巨的任务而感到沮丧。

帮助肯德拉适应新工作的第一步，是帮她认识到在过渡期有些焦虑和不确定感是正常的。肯德拉应该放慢节奏，让时间发挥魔力，然后沿着新的道路逐步前进。为了重建信心，我们谈及了她过去的成就。然后我想出了一个策略，帮助她在新的工作环境中放松下来。

成就

肯德拉是大学设计奖获得者，最近还获得了美国平面设计协会颁发的全国奖项。我们还帮肯德拉回顾了她与前雇主的关系，肯德拉认为自己与同事合作融洽，设计工作非常出色，客户经常指定她参与新项目。

当前挑战

为了适应当前快节奏、外向化的企业文化，肯德拉必须在接受自己内向风格的同时，引入一些外向行为。肯德拉觉得自己一开会就僵化，不能畅所欲言地参与讨论。

我建议肯德拉对于提出想法和建议不要那么着急，相反，提问实际上是表达自身兴趣的一种方式。

肯德拉之后转变了理念，她在头脑风暴时积极倾听并不时提出问题，还提出了自己对于增加新客户的想法。在不急于马上解决问题和发表评论的情况下，她对项目需求和目标描述都很清晰。会后，肯德拉对讨论结果进行了思考，并拿出了一个设计方案，她把设计拿给老板看，老板对她的想法非常赞许，让肯德拉在下次员工会议上展示出来。不过，在得到老板的首肯后，肯德拉又对在众人面前演示成果产生了新的焦虑。

结果

为了减轻她的焦虑，我让肯德拉根据对同事的了解和客户的目标来调整陈述风格。我还鼓励肯德拉列出一些要点，以备在演讲中适当参考。尽管刚开始她比较紧张，但整体演讲进行得很流畅，很多参与人员称赞了她的创意。

这一初期成果巩固了她与老板和同事的良好关系。肯德拉在学习外向型技能的同时，也巩固了其内向型优势，最终使得她在新公司获得了丰厚的回报。为了帮助你在工作中茁壮成长，我将在下一章提供一些加强技能和扩展经验的技巧。

9

生存与发展

或许你在做当前工作时如鱼得水，但请确保自己没有做无用功。很多时候善于自我反思是一种财富，但在职业生涯中自我封闭绝对是个错误。不要想当然地以为忙碌的主管和同事会意识到你的出色工作，他们可能对你的埋头苦干浑然不知。同样，不好意思跟上司或同事讨论工作问题也只会适得其反。所以确保自己众所周知很重要，否则可能得不到认可，进而与升职和加薪擦肩而过。

波动和变化是当前职场加速的标志。在这样的环境中，内向者需要战胜矜持的天性，要知道，被人忽视会有更大的风险，必须尽可能多地表达观点。本章主要阐述能让你在工作中获得成功的沟通技巧和具体的行动方法。另外，一些工具和技术也可用于增强职业前景和调整职业生涯，以确保自己不会被遗忘。

让职业生涯繁荣起来

一旦事业开始运转，就需要保持健康和活力。你可以在某些方面加强自身的主动性，比如设定短期目标、发挥才能、解决问题和与所在领域的专家会面等。另外，还要尽可能接受教育培训，建设强大的人际关系网，并持续更新简历和领英个人资料。

指南针

与生活的其他方面一样，事业将如何发展是无法预测的。只有清楚了解自己想做的事情和想去的地方，才能顺利到达目的地。

各种因素都会影响职业命运，你需要理清自身的优先事项，把梦想和逻辑结合起来去考虑长期的目标。先从宏伟的愿景开始，然后落实到现实的目标。

让梦想一步步实现

你可能想成为一名主管，如果有勇气改变现状，那就不妨行动起来。一旦进入全新的领域，可能需要获得特定的学位或相关新知识，你需要事先有所准备。

所有长期目标都可以被分割为容易实现的小目标，以避免无法一蹴而就带来的沮丧和困惑。如果大目标是升职，那么小目标可以是负责新项目或在专业会议上发言。这些专业活动将展示你的创新力和领导力，同时也可以积累升职所需的经验及技能。

记下目标

用天生的内向倾向去深入思考，规划实现目标的计划。这对内向者而言是一种完美的锻炼，且已被证明有助于促进记忆和实现目标。

加州多米尼克大学心理学教授盖尔·马修斯对267名不同职业背景者进行了一项书面目标记录研究。她将参与者分为两组：一组只思考目标，另一组则记录下来。研究发现，记录组比思考组的成功概率要高得多。记录目标意味着向大脑左半球（逻辑所在一侧）发送积极信号，所以潜意识会倾向于把这些任务视为必须完成的，并认真思考完成路径。为刺激大脑并坚持任务，可使用下方基本工作表来组织和制定短期目标。

具体的短期目标：目标和想要做的事情

时间进程：达到目标的一般时间表或截止日期

行动：完成目标需要做些什么

标准：如何衡量成功与否

评价：正在做的事情和需要修改的地方

查尔斯设定短期目标：实现职业发展

IT项目经理查尔斯的职业抱负是升职。为了证明自己已经准备就绪，他把提升领导能力作为一项短期目标。其目标计划表如下——

特定目标：提升领导能力

时间进程表：

1 年时间，每 6 个月总结一次。

行动：

与主管会面、检查行动方案并获得支持。

培训和监督暑期实习生。

在数据库部门和计算机项目部门培训新员工。

主持人工智能创新趋势会议，创建 PPT 演示文稿。

在主管外出度假时履行主管职责。

申请并参加内部领导力培训项目。

措施：

要求实习生和新员工对培训经历进行反馈。

通过匿名评估形式调查工作人员对人工智能新趋势会议的看法。

请主管对领导能力做出评价。

应用和评估领导力培训计划中的新知识和技能。

评价结果：

主管外出度假时，收到主管和同事对办公室技术培训和主管职责的正面反馈。

团队反馈：

查尔斯需要提高 PPT 演示水平，应多采用口头讲解的方式，少依赖 PPT 播放。

根据上级建议，继续提高领导能力，进一步熟悉公司年度报告。

监督实习生学习办公技术和培训新员工得到的正面反馈足以说明查尔斯成功实现了大部分短期目标，主管也对查尔斯在其休假期间的出色表现十分赞赏。参加人工智能创新趋势会议的工作人员则认为，查尔斯在演讲中过于依赖 PPT，将来需继续努力提高演讲技巧。

总的来说，查尔斯成功提升了自己的领导才能。最终，由于所在公司没有出现更高层次的职位空缺，他在另一家声誉卓著的公司获得了高级项目经理的职位，在那里他管理着一个 6 人团队并承担一些令人兴奋和富有挑战性的项目。

挖掘才能和兴趣

扫清事业腾飞障碍最可靠的方法之一是确保工作能让你有用武之地，也就是说你的才华和激情与公司需求是契合的。内向者确实在任何工作场所都能茁壮地成长，但前提是因地制宜和与时俱进。选择一个能给专业形象增添价值的概念或想法，并将它融入具体工作中。调查、收集最新的相关信息并尽可能发展成相关概念，将它整合为一个充实的动议呈现给老板或队友。

苏珊娜就是个完美的例证。她是一位心理学家，专门治疗患有创伤后应激障碍的退伍军人。同时，她也是一位富有创造力的思想家和作家，喜欢学习和应用新疗法和新技术。最近，她在参加一个创伤后应激障碍新疗法研讨会后觉得受益匪浅，于是她根据这种新疗法为所在机构创建了一个新的创伤后应激障碍治疗项目。这不仅得到了部门主管的关注，也得到了专业协会和社交圈中其他心理学家的广泛关注。她的成功经验在全国范围内传播开来后，《心理学》杂志联系了她，请她撰写关于退伍军人和创伤后应激障碍的在线专栏。就这样，她把学习热情、写作天赋与实际行动结合了起来，既获得了认可，也得到了令人兴奋的新机会。

另一种基于才干技能的方法是确定一项既能增长知识又对公司有益的任务或项目，比如修订和重写过时的手册或指南、领导新技术项目或培训和指导新员工。

解决问题

职场是个充满争议的领域，重点是解决问题。幸运的是，内向者思考周到，善于观察，非常适合寻找漏洞和缺陷，并能想出创造性和富有成效的解决方案。

即使只为排除一个小困难，也要采取解决问题的正确态度，这将增加你在雇主和同事眼里的价值。最近一位年轻专业人士在与我共事时说起了自己的亲身经历。之前他在一家会计师事务所实习时，注意到移交文件时浪费了大量的纸张。经过深入观察和仔细评估，他认为如此大的纸张浪费完全没有必要，并找到了一种可持续的替代方法来减少浪费。公司非常欣赏他为公司节省了时间和金钱，并采纳了他的建议。最重要的是，雇主意识到这位实习生的职场明星潜力，很快把他转了正。

无论在办公室还是虚拟空间，都应关注周围的环境和与同事的互动。倾听和观察是内向者的长处，可以发现别人在匆忙中错过的细节。提出建设性的解决方案，这将使工作场所充满活力，而且会为你带来实质性的回报。

节省雇主的时间和金钱肯定会让你赢得掌声，但找到方法创造和谐的工作环境也可以让你受人瞩目。如果发现误解或人际冲突，不妨鼓足勇气解决问题。另外，可以有策略地提出一些加强工作关系的方法和建议，让整个办公室更加齐心协力。

医疗销售人员玛丽安娜观察到同事之间几乎没什么联系，这在一定程度上是因为他们的工作需要经常出差。在与同事交谈时，玛丽安娜发现他们感到孤独，还抱怨缺乏机会与他人建立联系以形成支持性社交网络。玛丽安娜强调，这不是个别现象，而是同事间普遍存在的问题。她向地区主管陈述了自己的发现，并提出加强沟通和提振士气的设想。她还向副总裁展示了明确的证据，说明销售代表普遍存在这种情况，并提出了可行的补救办法。于是，玛丽安娜被授权策划和执行团队建设研讨会，结果员工工作更加努力了，而且以团队为导向的绩效也明显提高了。

致力学习

在这个高期望值的职场时代，如果仅在一个项目成功后就自以为是，坐在办公桌前自鸣得意地等待升职，那无异于自杀。要想升职，不断学习和持续努力才是关键，水平下滑只会让你半途而废。无论通过正式还是非正式途径，都要努力跟上最新技术，否则将逐渐被淘汰。

锻炼才能总会令人有所收获，某个培训项目可能对你来说不是很有吸引力，但不妨尝试参与一下。

也要充分利用公司培训部门提供的内训机会，这能让你成为热心的员工，也会让你增加技能。还可以通过阅读行业杂志来增长专业知识，这些专业出版物能让你更深刻地洞悉行业发展趋势，有助于巩固你的职业地位。

如果还想参加课程或取得学位及证书，请确保自己的选择与职业目标相符。这些毫无疑问都会为你的工作打下更坚实的基础，补充和提高教育水平可以加速职业升级，也可以打开通往全新职业领域的大门。

当工作或家庭负担很重时，在线学习也是个建构知识的好方法。要有强烈的动机，利用一切可以振奋士气和提升自己的方法。这些机会不但可以帮你拓展思维，而且能增加你的市场价值，让你更有信心地努力前进。

会面领导和专家

结识和面见所在领域的专家当然是件好事，但这与求职社交又不尽相同。如果能借此得到一位职业导师自然是意外之喜，但主要目标还是获得有助于职业成长的洞察力和智慧。不要以为这些行业专家都忙到无暇与他人交流，要抛开一切羞怯、紧张和害怕去与他们近距离接触。专家通常很喜欢分享工作近况和成功经验，他们自身也是这么成长起来的。记住，你的目标不是求职，你是在探索方法让一位受人尊敬的专家为自己的职业生涯增光添彩。可以通过领英、熟人推荐、校友网络或参加活动等方式找到这类专家。

跳出固定的思维方式是有风险的，但有时这样的尝试会带来丰厚的回报。我的客户绍莎娜是一位安静的金融领域专业人士。她在当地商业杂志上读到了一家小型投资管理公司首席财务官的文章，文中详述了该公司的技术创新导致其财富平台大受欢迎。此外，文章也介绍了这位首席财务官如何帮助两家银行完成复杂的商业合并。在我的鼓励下，绍莎娜通过领英主动发了消息。她提到了这篇文章，表示十分钦佩对方的工作，并询问是否愿意在方便时会面分享更多的信息。她原本以为永远不会收到回复，却十分惊喜地收到了回复。她冒着请求被拒绝的风险联系了对方，但真正失去了什么呢？能够采取行动就是最重要的，最差的情况也就是遭到冷落。

内向者擅长单独接触，所以非正式会面和私人会面更为有利，那意味着你无须和一群人争夺注意力。在私人类型的会面中，谈话可以更深入些，这与内向者的心态一脉相承。此外，你也可以选择自己喜欢的场所，一般宁静的氛围有利于深入交流。当然，如果由于日程安排或地理位置无法当面交流，也可以选择电话会议的形式进行沟通。

- 针对专家的问题

谁对你的领导风格或事业影响最大？

你如何鼓励创造性思维和创新想法？

你如何保持员工的积极性？

作为组织的领导者，你最重要的决定是什么？

你认为领导者失败的方式有哪些？

如果有两个同样合格的候选人，你如何决定聘用哪个？

在这一领域或行业中取得成功的关键是什么？

你如何在职业方面继续成长？

社交网络的进阶

前面已经讨论过建立和利用社交网络的许多方法，如果想在职业生涯中茁壮成长，可以考虑在人际交往方面更上一层楼。内向者虽然比较保守和敏感，但还是可以找到很多方法来建立和维持职业生涯中健康的社交网络。把社交关系看作加速职业生涯的燃料，确保自己在关键的时刻能有所依靠。

社交网络的 4 种充电法

1. 午餐

午餐时间离开办公室会让你头脑清醒，并有机会与同事或上司建立更融洽的工作关系。内向者的舒适区是个非常诱人的地方，定期走出去会有好处。摆脱那个让你安心的地方，邀请一位不太了解的人去吃午餐，或许了解他会对你的成功有所助益。记住，当面交流是处理人际关系的最佳方式，这也是你的强项。

2. 顾问委员会

考虑组建自己的顾问委员会，定期与同事和领导交谈，如果对方能给你客观提示并指导下你的职业发展，那就更好了。委员会成员可以包括现在或过去的老板或导师以及因知识和经验而升职的同事。当你尝试各种方法改变职业生涯并寻找明智的建议时，这样的专业人士会显得弥足珍贵。把这种机制当作自我表现评估的晴雨表，委员会成员会在你表现差劲时督促你，并客观评估你的潜力和未来目标。

3. 保持联系

和主要关系人保持联系至关重要。要慎重考虑他们的意见和建议，如果未来遇到突然裁员或重新求职等情况，你会得到有力的支持。在关系网中寻找至少 3 位高层人士作为推荐人，并确保得到正面的推荐。当你需要推荐时，提前准备就不会让你手忙脚乱。

4. 回报

在寻求建立新的社交关系时，考虑自己能否有所回报。当联系人在求职或者处于十字路口时，可以给他们一些有价值的意见和建议或帮助他们牵线搭桥寻找相关资源。

有些同事可能忙于应付难缠的客户或眼前需要帮助，如果你能找到相关专家帮忙，他们可能一辈子都忘不了你。当然，为需要帮助的同事提供一臂之力也会让你感到自豪，而且，当你自己处在类似情况时，为他人所做的善行很可能会有所回报。

作为一位内向者，你可能更喜欢安静地坐在办公室里读一篇有趣的文章或回复一封邮件，但社交网络提供了对事业发展至关重要的机会。无论你选择哪种方法，都要让人际交往尽可能地愉快和有益。

更新简历和领英个人资料

定期更新简历，这看起来似乎理所当然，但我发现许多曾经共事的同事的简历都无法反映他们是怎样的职场人士。尽管过去三五年完成了很多工作，但他们就是忽略了更新简历，无法展示自己如何与时俱进。定期更新简历可以避免反复重构过往的工作内容，避免遗漏，以全面记录自己所获得的成就、技能和业绩。

每半年或一年更新一次简历，这样就能知道自己目前是怎样的一位职场人士。全世界的眼睛都聚焦着社交媒体，所以应该全力以赴地让世界看到你，尤其是在领英上。

让自己的声音被听到

职场是外向型场所，需要人们在会议和活动中提出意见和建议，有时候可能需要做报告、陈述以及公开演讲。以内向技能为本，外向技能为辅，这些都是很容易实现的。

即便工作允许你把自己锁在办公室里完全专注于自己的内

心，多数内向者也都要学会面对现实：事业成功需要与他人交谈和建立关系。如果不站起身，不让别人了解，成功是不可触及的。

谈话的 3 条黄金法则

我分享的一些故事和例子，说明内向性格也可以提前做好计划，并在工作中取得成功。下面是谈话的 3 条黄金法则，长期使用可以建立自信和化解焦虑，并提高谈话和演讲的技巧。其好处在于，你会逐渐认识到自己可以做出重要贡献，是客户可以依赖的强大力量。

1. 反思

思考是形成想法和解决问题的有利因素。用内向者的天性悄悄打开新发现的大门，有条不紊地修正问题，直至找到解决办法。

2. 准备

提前组织好想法或问题。记录有助于激活大脑、勾勒相关想法，哪怕是报告之类的正式演讲，记录也有助于总结内容、整理思路。提前做好准备能增强自信，可以让你一直保持正确的方向，避免分心，并远离那些让人头晕的外向能量。

3. 排练

练习演讲会让你在听众面前更加自如。这并不是一项艰巨而耗时的任务，找个安静、放松的地方简单练习几次就够了。

如果由于会议或活动非常重要而感到特别紧张或需要在一大群人面前演讲，不妨在练习过程中找位值得信赖的同事或朋友提供支持和反馈。如果仍然有所担忧，不妨考虑使用前面讨论过的创造性想象或冥想等技巧，凡事多往好处想有助于让紧张的神经平静下来。

策略性中断

即使有预案，会议室里那些大人物或许仍会让你哑口无言，他们习惯于全力以赴地参与讨论，让别人听见自己的想法。学会使用我所说的“策略性中断”，这样你就不会在众人面前迷失。不带任何冒犯的意味，只是委婉地说，“不好意思打断一下，你刚才的发言让我想到了一个处理此问题的新方法”，或者可以补充一句，“说得很有道理，接下来我想先简要介绍一下市场调查相关的整体情况”。

如果对方的想法或解决方案与你想到的内容一致，应该表示支持，比如“这是一个好主意，我们甚至可以在项目中加上……”。这种打断将会很受欢迎，因为你能够在诠释主题原始意义的同时，对评论者的想法给出有效补充。以能想象到的最有策略的方法中断对方的讲话，也就是说，在某些情况下，以一个可以被说话人接受的方式打断对方。

公众演讲

工作性质决定了你可能要参加讲习班、网络研讨会或发表演讲，几乎每个人在面对重要听众时都会感到焦虑。人们一般认为内向者不擅于在公共场合演讲，这种成见不见得正确。内向者仔细而有条理的思考方式容易产生具备独特性和洞察力的深入陈述。如果缺乏上台演讲的经验，可能需要多多排练。

理解焦虑

只单纯地忽视紧张的情绪只会适得其反，不管怎么骗自己，身体总会做出反应。当焦虑充斥着整个身体时，心跳会加速，血压会上升。接受并关注自身的状态是控制恐惧并将消极预期转变成美好远景的第一步。信不信由你，恐惧本身也有积极的一面。在给身体施压的过程中，恐惧也能给你一种能量，能为你所用。

公共演讲焦虑管理技巧

如果有过不太美好的经历，不要气馁，没人能够每次都得到起立鼓掌的欢迎。评估问题在哪里，并找到解决问题的方法。有一次，我面对 50 人的听众主持了一场法律职业研讨会。在演讲进行到一半时，我有点头晕，无法集中思想。房间里非常温暖，但我可能有轻微的恐慌。我告诉听众我有点头晕，需要离开房间去喝点水。出去以后我说服自己要完成主持，然后喝了很多水。几次深呼吸后，我回到房间完成了主持，甚至还获得了一些赞美。

回想当时，我意识到自己承受了很大的压力，房间里通风很糟糕，自己又说话太快，这加重了压力下的生理和心理反应。现在，我确保在每次做报告前准备好减压的方法。

没有什么比经历更可贵了，可以参加些公开演讲来消除恐惧。如果对此很纠结，但又确实想在听众面前提高演讲技巧，可以考虑参加相关公共演讲课程。

能见度

建立自信后，在与主管、同事或董事会的沟通中要让对方知道项目的现状和取得的成果。虽然内向者往往喜欢自己思考问题，但从老板或高层那里得到支持和建议无疑更好。如果他们提前知道存在障碍并意识到潜在的问题，很多冲突和误解都可以避免。

自我营销

能见度意味着宣扬成就，确保老板和同事意识到你在工作中的卓越之处。不管你怎么想，谦虚在工作中并不是一种优势。当项目产生了成果或是你引入了新的概念或想法，确保与你密切合作的每个人都知道。这并不需要公开宣布，发封邮件给特定的收件人就是最佳的方式。同样，在得到赞誉时不要用“没那么难”或“真的没那么重要”之类回应，贬低自身的努力，一句简单的“谢谢”就可以了。

内向者多是典型的团队合作者，但如果为团队项目做出了重大贡献，一定要为自己加分。当然，也要注意不抹杀其他成员的努力。

要让更多的职业联系人获悉你在工作和生活中的成果。再说一遍，无须吹嘘自己，在个人社交媒体或电子邮件中说明下即可，然后就可以安心等待领英、推特或私人邮件的祝贺了。

生存下来，适应变化

展望未来，我们无法预测工作环境会发生些什么，新趋势、新技术又将带来哪些变革。职业发展的方向主要取决于你是否愿意去适应。

你无法与未来抗争，职业生涯成功与否取决于你是否有能力和意愿接受当今职场快速变化的节奏。裁员会出现，意外解雇会发生，组织机构也一样会变化。工作描述可以像变色龙一样改变，你可以像换衣服一样换工作，组织管理者也可能经常换人。无论企业家还是员工都无法逃避变化，必须通过适应环境和迅速转变来保持活力。

照顾好自己

任何人都不可能一直工作，你需要时间放空。从工作中解脱出来“充下电”，这对于维持良好的生活质量至关重要。

充电

工作中的观点表达和团队互动很容易耗尽内向者的精力和能量。白天空闲时找个僻静之所独处一会儿，这样就能重新找回自我。关上办公室的门，在午餐或休息时散会儿步，或者在外面找个安静的咖啡馆喝杯饮料，这些方式都可以减压。

如果你在家工作，一上午都在跟客户通电话、发邮件，不妨下午休息一下，清理下桌子，去趟杂货店。有时工作需要你整天“在线”，那就只能晚些时候在家看看电视或躺在卧室看本书来放松一下自己。

下线

在当前经济形势下，雇主也面临着业绩的压力，所以期望雇员能够创造有竞争力、可衡量的成果。手机、电子邮件和短信都会加速工作进程，不断带来需要你立即关注的客户需求。这些外部压力会让你在工作上花费更多时间和精力，久而久之就会陷入“工作狂”的状态。

内向者有过度压榨自己的风险，因为他们倾向于使用技术在幕后交流。当挑战出现时，内向者可能不愿马上去面对；相反，会在下班后发短信或电子邮件解决问题。为了改掉这个坏习惯，在晚饭前或黄昏时分承诺自己关掉电脑和手机。工作永远是做不完的，除非手头真的有急事，否则就对自己好一点，给自己一个体验生活的机会。事实上，为个人爱好和兴趣腾出时间可以更好地恢复精力，让你在工作时更快乐、更高效。

工作用一种强大的激励方式来鞭策你表达才华、展示技能，但不要让工作控制你的人生，以免错过生活中无数迷人的风景，你有权利去体验和享受这些。

最后的想法

本书的初衷是帮助读者发现自身的才华和技能，并把自己推销给雇主，从而掌控自己的职业生涯。虽然书中囊括了很多具体的指导方针、建议和步骤，但请记住，职业发展从来都不会一帆风顺。职业发展需要承担风险、扩展技能、吸取教训，同时接受就业市场和工作场所的种种不可预知性。这可能是一条充满恐惧、怀疑和胆怯的道路，但不要把挫折当成自己的过错。请记住，这段旅程至少会帮助你获取新技能，帮助你更深入地理解自我，而且最终会带来成长与回报。

在面对挑战时，内向的特质不时会以各种方式为工作和生活赋予意义。我从不曾因逃避偶然事件或没能尽力提升自己而感到自卑，相反，我欣然接受内向性格独有的安静和反思。与此同时，我又对自己在努力追求外向的过程中所得到的好处而感到惊讶，如建立令人耳目一新的关系、获得令人兴奋的工作机会。

如果有人能在职业生涯早期说服我放弃封闭的倾向，那么我的职业之路无疑会更顺畅些。但是最终，我用自己的发现弥补了这种缺憾，并努力帮助内向的客户建立自信和发掘潜力。

最近有很多文章阐述了韧性和希望能够帮助人们接受和适应生活中不可避免的变化。作为内向者的盟友，二者都有助于保持乐观，并让内向者更深刻地理解未来应如何在这个瞬息万变的职场上取得成功。

韧性

对未来感到不确定很正常，对出现在角落的阴影保持警惕也很正常。收放自如对于职业生涯管理来说至关重要。所以，坦然接受失败和错误，不要否定自己。韧性就像心肺复苏术，可以让你从逆境中恢复过来。

在研究了众多理论之后，《坚韧的作用》一书作者、《哈佛商业评论》前主编黛安·库图认为坚韧者应具备 3 个特征：

1. 接受现实。
2. 认为生命是有意义的。
3. 即兴创作的非凡能力。

即使觉得自己不具备这些令人钦佩的品质，也要日复一日地为之努力。你会发现练习可以帮你创造积极的前景，赋予你更强的韧性。

如何培养韧性

以下方法可以培养你的韧性，避免出现只会加重危机和挫折的灾难性反应。

● 采取积极的态度

韧性并不是否认损失。事实上，经历过损失导致的悲伤、挫折和愤怒等情绪才会真正理解韧性。真正的韧性是经受得住打击并能从失败中恢复过来的能力，接受无可挽回的事实，并从中吸取教训。用失败的经验武装自己，走向未来，擦亮眼睛，朝着光明前进。

幽默和欢笑会帮你快速走出这条隧道，阻止绝望的感觉来拖后腿。毕竟，回首往事，你会发现天也没塌下来。

● 接触朋友和家人

即使最艰难的时刻，内向者也不会轻易表露自身感受。然而，这种体系并不利于培养韧性。恢复活力的关键是与家人和朋友亲密接触，身边那些愿意倾听和支持你的人会助你一臂之力。

● 帮助需要帮助的人

在接受他人帮助时，也要走出自己的圈子去帮助他人，这样可以更深刻地认识自身的处境并增强韧性。沃顿商学院教授、《选项B》作者亚当·格兰特曾以一组员工为研究对象，要求他们记录自身的贡献。结果显示，员工认为在工作中帮助他人会带来显著的益处。对此，格兰特认为，“真正提高韧性的方式不是向他人索取，而是为他人奉献”。

● 内省

有韧性的人能通过自问自答来激发抉择，他们不会纠结于谁该受责备或坏运气从何而来。相反，他们会想，“教训是什么？”以及“接下来该怎么办？”这样的想法常能引出创造性的解决方案和出色的计划。

- 采取行动

进展不顺或许会耗尽你的精力，所以不要指望一蹴而就。专注于任务的特定方面，朝着目标采取行动。哪怕是微小的成就感也会让你摆脱惰性，给你必要力量，使你在通往成功的道路上继续前进。

内向者善于充分挖掘问题的深度，并运用创造性思维构建有趣的想法。毫不奇怪，这些内向者驾轻就熟的本领在职场也很受欢迎。如果能充分利用这些天生的思考方式，再加上韧性的助力，那么无论职业生涯中出现什么样的意外或变化，你都能随机应变。

希望

任何职业道路都充满着挑战。我的很多客户为这类职业挑战而烦恼，他们常常会恼怒地问我："我做错什么了?"重要的是回顾一下自己做了什么或没做什么，这可能会对当前的事态有所帮助。在自我盘点的时候，请提醒自己丢掉工作或失去晋升机会并没什么可羞愧的，许多成功人士也曾经历过这种情况。

希望是内心深处一个睿智的声音，确保你无论遭遇什么不幸，都能看到值得期待的未来。它融合了正面思考、承受损失、理解可能和克服障碍，并能将你置于主导地位。

心理学家谢恩·洛佩兹博士对希望进行了多项研究，他的希望理论包括了以下 4 个层次：

1. 未来会比现在更好。

2. 我有能力做到这一点。

3. 我有很多方式实现目标。

4. 任何事情都有障碍。

职业发展的过程充满了刺激，有时令人激动莫名，有时令人毛骨悚然。把内向当成一位熟悉的朋友，时不时去大胆挑战一下。随着时间的推移，你会发现种种经历并不可怕，无非是生活的另一种旋律罢了。生活总有坎坷，在沿着发现之路走向命运时，请与希望携手。

致谢

随着专业知识的增长，我越来越想把工作经验写进一本书里，与他人分享自己对工作的感悟。同时，能与众多专业人士、家人和朋友一起分享写作过程也同样让我感到兴奋。正是因为有了这么多人的支持，我才得以完成这本书，这对我来说是件非常幸运的事情。

在此特别感谢安妮·杜布森，她帮我形成了创作的最初想法，并对本书的结构和内容提出了很多见解。阿比盖尔·威伦兹花费了数不清的时间来帮我审阅一些章节，让我得以提高行文水平。非常感谢我的经纪人雷吉纳·瑞恩，她的知识和坚持让我坚持到最后。Career 出版社的编辑们，请接受我真诚而深切的谢意，感谢你们帮我完成了这一工作。感谢克里斯·莫尔纳引导我克服恐惧，并激励我前进。

我的职业生涯得到了许多同事的尊重和支持。深深感激我在宾夕法尼亚大学的导师盖尔·格利克斯曼，她发掘了我的创造力、培养了我的技能，她的智慧和洞见使我得以拥有一个真正丰富的职业生涯。感谢宾夕法尼亚大学和布林莫尔学院的前同事们，特别是帕特·罗斯、莎伦·哈迪和黛比·贝克尔。感谢玛丽莲·费恩·范斯特，正是她的坚定支持，我才能在罗彻斯特理工学院获得职业咨询的职位，她增强了我的信心。非常感谢我的前合伙人戴安娜·弗里德曼和贝丝·威尔逊，她们都是完美的专业人士，堪称职业咨询领域的典范。

在当今这个时代，如果没有一个经过精心培育的职业网络，任何人都无法在事业上取得长足的进步。感谢美国职业发展协会、中大西洋职业咨询协会和费城职业专业人士协会的同事们，以及我在领英上的许多联系人。

感谢职业生涯中与我合作过的客户，我从他们身上学到了很多，并为他们的决心和勇气所鼓舞。

十分感激我的朋友和我的支持者吉尔·斯奈德、托比·戈德斯坦和黛比·福克斯，从孩提时代就与你们相识，这让我深感荣幸。也感谢我的其他朋友和家人。

最后是我的丈夫约翰·米歇尔，感谢他在本书写作过程中给予我的包容和支持。

图书在版编目（CIP）数据

有趣的灵魂要让老板看到：如何从小职员快速进阶 /（美）简·芬克尔著；周昕译．—杭州：浙江大学出版社，2019.8

书名原文：THE INTROVERT'S COMPLETE CAREER GUIDE

ISBN 978-7-308-19181-4

Ⅰ．①有… Ⅱ．①简… ②周… Ⅲ．①职业选择－通俗读物 Ⅳ．①C913.2-49

中国版本图书馆 CIP 数据核字 (2019) 第 108342 号

有趣的灵魂要让老板看到：如何从小职员快速进阶

（美）简·芬克尔 著 周昕 译

责任编辑 曲静
责任校对 杨利军 陈 欣
出版发行 浙江大学出版社
（杭州市天目山路 148 号 邮政编码 310007）
（网址：http://www.zjupress.com）
排　　版 杭州中大图文设计有限公司
印　　刷 浙江印刷集团有限公司
开　　本 880mm×1230mm 1/32
印　　张 7.75
字　　数 153 千
版 印 次 2019 年 8 月第 1 版 2019 年 8 月第 1 次印刷
书　　号 ISBN 978-7-308-19181-4
定　　价 48.00 元
